いくつになっても「求められる人」の小さな習慣

仕事・人間関係で差がつく60のこと

AKIHIRO NAKATANI
中谷彰宏

青春出版社

能力のある人よりも
信用のある人が
求められる。
信用は日々の努力の
積み重ねで生まれる。
中谷彰宏

この本は、３人のために書きました。

1
転職・再就職・定年後が不安な人。

2
能力があるのに、求められない人。

3
信用をつけて、求められたい人。

01

PROLOGUE

求められるのは、能力より信用。信用は、習慣でつくられる。

40歳を過ぎると、転職や再雇用という話が出てきます。

そこで求められる人になるには、どうするかです。

自分でも何を頑張ればいいかわからなくて、不安になります。

「能力のある人が求められる」と思う人は、何の能力をつければいいか悩みます。

しかし、これは大きな誤解、がんばり方を間違えています。

求める側が求めている要素は、能力ではなく、信用なのです。

もちろん、40歳を過ぎて、能力の差もあります。

そのうえで、採用されるのは「能力がある人」ではなく、「信用のある人」という

ことです。

能力の差よりも、信用の差のほうが圧倒的に大きいのです。

20代は、信用の差はあまりありません。

そもそもまだ社会経験がないからです。

40代は社会に出てから20年がたっています。

その間の日々の習慣の積み重ねが、その人の信用になっていきます。

いかに信用される習慣を身につけたかが、その人の20年間の蓄積です。

能力だけをつけようとするのは間違った努力です。

それでかえって信用を落としていきます。

能力よりも、信用をつけることによって、誰からも求められる存在になれるのです。

「一緒に働きたい」と言われるために

01

信用が生まれる習慣をつくろう。

いくつになっても「求められる人」の小さな習慣◎目次

PROLOGUE

01
求められるのは、能力より信用。
信用は、習慣でつくられる。……5

CHAPTER 1
仕事の信用で、求められる。

02
上司のストレスを減らす人が、求められる。……18

03 めんどくさそうな気配が、信用を落とす。…… 22
04 あえてメモする習慣が、信用になる。…… 24
05 ふだんの行動で、ミスが許されるかどうかが決まる。…… 28
06 自分がいなくても、仕事ができるようにしておく。…… 30
07 売上げを増やす仕事をつくれる。…… 32
08 信用されない。「以後、二度とこのようなことがないように」は、…… 35
09 部下に責任を押しつけない人が、信用される。…… 37

CHAPTER 2

人間関係の信用で、求められる。

10 今までに感謝できる人が、信用される。 42
11 赤ちゃんを見ることで、人は謙虚になる。 45
12 今までのお目こぼしがあることを、知る。 48
13 上司をほめる人が、信用される。 50
14 自分の知らないところで、上司が謝ってくれていることを知る。 53
15 なじみのお店に、入り浸らない。 57
16 落ち込み続ける人は、使いにくい。 60
17 明るいのと、はしゃぐのは違う。 63

CHAPTER 3

コミュニケーションの信用で、求められる。

18 ポジティブに始まって、ポジティブに終わる話し方をする。 68

19 「ネガティブなことを言う人は仕事ができる」は、勘違い。 70

20 名君は、ポジティブで終わる。 72

21 「わかりました」と返事する。 76

22 上司の指示には、「今までもそうしてました」より、「励行します」。 79

23 上司が遅れた時に、「お忙しいところ、ありがとうございます」。……81
24 息継ぎなしで、ひと息で報告する。……84
25 上司が読み間違えたら、「わかりにくい書き方で、失礼しました」。……86
26 「そのように、伝えます」では、どのように伝えるのか、不安になる。……88
27 代理で打ち合わせた要件を、戻ったら、即報告する。……90
28 「すみません」「わかりません」「勘違いしました」を言う人は、信用されない。……93
29 勉強とは、驚くことだと知る。……95
30 伝言は、情報に、感情を加えて報告する。……98
31 返事がいるものは、箇条書きする。……101

32 質問されそうなことの返事を、先に書いておく。……103
33 メールの言葉に、思いやりがある。……105
34 事実と解釈が、分かれている。……107
35 1つのメールに、複数の案件を書かない。……109
36 メールの件名で、内容がわかるようになっている。……111

CHAPTER 4

お金の信用で、求められる。

37 会社のお金を大切にする。……116

CHAPTER 5

時間の信用で、求められる。

38 グレイゾーンは、自腹を切ることで、信用が生まれる。……118
39 売上げに合わせて、自分の給料を下げることができる。……121
40 給料と自分の価値を連動して考えない。……124
41 地道な仕事をすることで、上司の時間を節約することができる。……130
42 仕事は、駅伝。上司が時間を削ったら、それ以上に自分もスピードアップする。……132

43 勤務時間内の私用は、信用を落とす。…… 134
44 プライベートでケチになると、信用をなくす。…… 138
45 「歩く・書く・食べる」のが、速い人が信用される。…… 140
46 上司の急ぎ具合がわかる。…… 144
47 ダラダラしない人が、信用される。…… 148
48 マイペースでは、信用されない。…… 151
49 信用は、夜ではなく、朝つくられる。…… 153
50 求められる人の人脈は、朝にできる。…… 156
51 プロは、パイロットと同じ。前日のアルコールは、午後4時まで抜けない。…… 161

CHAPTER 6

マナーの信用で、求められる。

52 机の片づいた状態が、信用を生む。…… 166
53 自分の服装が、会社のイメージになることを知る。…… 168
54 正しいことをするより、上司の嫌いなことをしない人が、信用される。…… 170
55 酔った姿を見られて落とした信用は、取り返せない。…… 173
56 字は、上手さより、丁寧さが信用を生む。…… 176
57 文字の上に付箋を貼る人は、読む人に対しての気配りがない。…… 178
58 捺印忘れの二度手間を、減らす。…… 180

EPILOGUE

59 えこひいきは、信用から生まれる。……183

60 すがらない人が、求められる。……186

カバー写真　Syda Productions/Shutterstock.com
本文デザイン・DTP　リクリデザインワークス
編集協力　遠藤励起

CHAPTER

1

仕事の信用で、求められる。

02

上司のストレスを減らす人が、求められる。

部下の一番大切な仕事は、上司のストレスを取り除くことです。

どんなに仕事を頑張っても、上司のストレスを増やしていてはダメです。

サッカー選手も、どんなに頑張っていても、監督のストレスを生んでいるようでは失格です。

仕事も恋愛も同じです。

つきあい始めは、ドキドキして若干ストレスがかかるぐらいの相手に魅《ひ》かれます。

男性なら美人の女性、女性ならカッコいい男性を求めます。

ただし、長くつきあうなら、ストレスのかからないタイプのほうがいいのです。

「あの人はさほど美人でもカッコよくもないのに、なんであんな素敵な人とつきあえるのだろう」と思われている人がいます。

その人は、一緒にいるとホッとできる人です。

ストレスを取り除くことが信用です。

借りたお金をきちんと返すことだけが信用ではありません。

その人といると癒されるというのが、一番の信用なのです。

部下には、

①上司のストレスを減らすタイプ

②上司のストレスを増やすタイプ

の2通りがいます。

上司のストレスを生むか、上司のストレスの防波堤になるかの境目は、その人の日々の習慣です。

部下は、どうして上司がイライラしているのかわかりません。

つい「自分の仕事の仕方がよくないからだ」と考えて、「頑張って仕事をしよう」と、時には真逆の方向へ向かってしまいます。

サービス業の仕事は、お客様のストレスを取り除くことです。

お店に行列ができていると、少しでも早くさばこうとして、後ろで並んでいるお客様のフォローに行かなくなります。

「そんなことをしている間に、1人でも早く片づけたほうがいい」と考えるからです。

これは間違いです。

お客様は、お店の人に「すみません、次にやりますから」と言ってもらえると安心します。

商品が来なくても、列が前に進まなくても、そのひと言で「きちんと気を配ってくれているんだな」と思えるのです。

締切りに関しても、「今はこんな状況ですから、○日後になります」という連絡があると、ホッとします。

「連絡するヒマがあったら、締切りギリギリまで頑張る」というのは仕事をする側の論理で、相手にストレスを与えます。

お客様にも、上司にも同じです。

「私はこんなに一生懸命に仕事をしています」と思い込んでいると、上司のストレスを取り除くことを忘れてしまうのです。

「一緒に働きたい」と言われるために

02

上司のストレスの防波堤になろう。

03

めんどくさそうな気配が、信用を落とす。

仕事を頼んだ時に、めんどくさそうな対応をされることがあります。

返事、立ち上がり、すべての動きにめんどくさそうな気配が漂っているのです。

それが上司のストレスになります。

その分かれ目が、「ハイ」と「ハァ～イ」です。

「ハァ～イ」という返事をされると、「忙しい時に悪いことしちゃったかな」と、上司は気を使います。

「今、忙しい？」と聞かれている時点で、返事が「ハァ～イ」になっていたことに気づいたほうがいいのです。

「一緒に働きたい」と言われるために

03 めんどくさそうにしない。

「私はめんどくさそうにしていません。忙しいだけです」と言う人がいます。

忙しそうにしている人は、めんどくさそうに見えます。

求められる人になりたくて、部下はつい忙しそうにしてしまいます。

「私はこんなにやっている」と、アピールするのです。

ミーティングのアポの打ち合わせでも、「今からでも大丈夫です」と言って「おまえ、ヒマなのか」と思われたら困るので、「忙しぶり」が始まります。

忙しぶることが能力を見せるアピールポイントだと思い込んでいるのです。

これは大きな誤解です。

求められない人は、悪い人ではありません。

求められるポイントを、勘違いしているだけのことなのです。

04

あえてメモする習慣が、信用になる。

私は商売人の家で育ちました。

親に教わったのは、「1ケタの足し算でソロバンを入れなさい」ということでした。

難しい計算はソロバンを使います。

1ケタの足し算は、普通はソロバンも電卓もいりません。

そこで、あえてソロバンを入れるから信用になるのです。

あるお店で3つ注文した時に、お店の人はメモしませんでした。

「記憶できるかな?」と聞くと、ウエイターさんは、「大丈夫です」と言いました。

私は注文をさらに2つ追加しました。

結果、間違ったものが来たのです。

メモして間違ったのなら許せます。

メモしないで間違えるのは、プロではありません。

そのウエイターさんは「記憶できる?」という言葉を「メモしたほうがいいよ」という言葉に聞き取れなかったのです。

「私は仕事ができる」という思い込みが、お客様にストレスを与えています。

「花巻（中華料理の点心の一種）」を頼んだのに、「春巻」が来てしまったのです。

それでも「間違ったものが来た」というクレームは、その人に悪くて言えないのです。

ここで、食事全体に1つのガマンを生んでいます。

その人は最後まで何も気づかないまま終わります。

本人は「私は一度も間違えたことがない」と思っているので、ミスは1回では終わりません。

ストレスを与えたお客様をたくさん生み出しているのです。

一流のお客様ほど、文句は言いません。文句を言うのは、二流のお客さんです。

それは相手のためではなく、自分が損をしたくないからです。

一流のお客様は、「ここでこんなことを言っても仕方がないし」と考えています。

自分で気がついてほしいからです。

これは、メモをしなかった人のせいではありません。

すべて「メモしなさい」と教えていない上司の責任です。

お客様の立場としては、注文を間違えたからといって、「メモしなさいよ」とは言いません。

その人が泣いてしまって辞めたら大変だからです。

指摘されないからミスがないのではありません。

オーダーをいくらでも覚えられるということで、仕事ができると思ってはいけないのです。

メモをしていないと、万が一ミスをした時にリカバリーがききません。

メモをすることで「この人はまだアマチュアだな」と思われるといけないというヘンなプライドが、ミスを呼ぶのです。

同じミスでも、許されるミスと許されないミスがあります。

仕事ができるフリしてミスるのは、リカバリーできないのです。

「一緒に働きたい」と言われるために

04

「メモしない」を「仕事ができる」と勘違いしない。

05

ふだんの行動で、ミスが許されるかどうかが決まる。

同じミスでも、あの人は許されて、この人は許されないということがあります。
その差は、その人のふだんの行動で分かれます。
私は献本する時に、サインと相手の名前を入れていました。
ある時、出版社の人がそれを全部入れ間違えて送ってしまいました。
大切な人に違う人の名前で届くので、心証が悪くなります。
ラブレターを違う人に送ったようなものです。
「出版社の人がやったんです」という言いわけはできません。

それでも私はミスをした人を許しました。

その人は、ふだん頑張っていて信用があったからです。

それまでの信用があるからＯＫなのです。

上司に頼みごとをされた時に、さっとメモをとれる人が、信用され、求められる人になります。

信用とは、小さなことの積み重ねなのです。

「一緒に働きたい」と言われるために

05

上司の短い指示を、メモしよう。

06

自分がいなくても、仕事ができるようにしておく。

自分が休みの日でも、仕事がまわるようにしておくことが信用です。

仕事ができると人に思われたい人は、逆のことをしています。

自分がいないと、ひとつも仕事がまわらない状況にわざとするのです。

実際、カギのかかる引出しに仕事を隠蔽《いんぺい》します。

求められない人は、自分がいなくても仕事がまわることに、喪失感を感じるのです。

本当に仕事ができる人は、自分がいなくてもまわる仕組みをつくり上げています。

ふだんから「自分がいない時はこうしてね」と、きちんと伝えているのです。

「○○さんが休んでいるので、わかりません」という状態は、会社にとって損失です。

求められない人は「ほらね。私がいないと困るでしょ」と、アピールします。

こういうタイプの人は会社からは信用されません。

辞める時に、引継ぎを何もしないで辞めてしまう人もいます。

「退職することになりました」と言った後に、次の担当が誰なのか、連絡が何も来ないのです。

本人は、「ほらね。私がいないと困るでしょ」というアピールのつもりです。

コツコツきちんと引継ぎをしている人は、次の会社に行っても、また一緒に仕事をしたくなります。

何の引継ぎもしない人は、次に一緒に仕事をしたいとは思いません。

信用を落とすような習慣を持っていると、本人だけではなく、全体がマイナスになってしまうのです。

「一緒に働きたい」と言われるために

06

引継ぎを、きちんとしよう。

07

売上げを増やす仕事をつくれる。

上司の仕事は、売上げを伸ばすことです。

求められない人は、売上げを伸ばすのは若い現場のスタッフの仕事だと思い込んでいます。

部下のお尻を叩くことが自分の仕事だと思っているのです。

20代は、頑張って売上げを伸ばそうとします。

40代になると、管理の仕事が加わります。

自分ではミスをしたくないし、机に座って企画書にケチをつけていればいいだけの仕事になっていきます。

そのわりには給料が高いのです。

本来、給料が高ければ高いほど、売上げを伸ばす仕事をするのが本当です。

どんな年齢になっても、机にへばりついていては求められません。

企画を考え、人に会いに行って、新しいことをやり続けていきます。

役職が上がると、「そんなことをするのは現場のヤツらだ。それをジャッジするのが自分」という勘違いが始まるのです。

その理由の1つは、自分が失敗したくないからです。

チャレンジなので失敗は起こります。

チャレンジして自分のキャリアに傷をつけたくないのです。

もう1つの理由は、自分の仕事を増やしたくないからです。

年齢が上がると、だんだん体力が落ちてきて行動力がなくなります。

「昔のようなめんどうなことはしたくない」「仕事が増えないほうが私はラク」「会社の売上げが伸びようが伸びまいが、給料は変わらない」という意識で、見えない形でのサボタージュが始まるのです。

仕事が来なくても、「不況だから」「少子化だから」「デフレだから」と言いわけして、ただ待っているだけです。

それを言ったら終わりです。

ただ、しぼんでいくだけで、自分自身では何ら開拓しようとしません。

それを世の中のせいにして、自分の仕事が増えない形にしていくのです。

「一緒に働きたい」と言われるために

07

仕事を増やさないようにしない。

08 「以後、二度とこのようなことがないように」は、信用されない。

20代は、まだお詫びがヘタです。

40代を過ぎて経験が増えていくと、お詫びがうまくなります。

ミスがあった時に、「以後、二度とこのようなことがないようにします」とか、「今度、何かで埋め合わせをします」というセリフがスラスラ出てきます。

お詫びがうまいと、なんとなく丸くおさまりますが、なんら改善されないのです。

お詫びがヘタな人は、改善せざるをえないのです。

ミスがあった時に、丁寧なお詫び状を書く人よりも、今までのやり方を変える人のほうが、よっぽど信用が生まれます。

「二度とこのようなことがないように」というのは精神論です。

それでは何も変わらないし、その人は同じミスを何回も繰り返します。

トラブルが発生するのは、仕組みになんらかの原因があるからです。

たまたまではなく、必然的に起こっているのです。

どんなに一生懸命しようが、トラブルはなくなりません

朝、遅刻した人が「今度から頑張って起きるようにします」と言っても、「じゃあ、今までは頑張っていなかったのか」という話になります。

一方で、「前の晩、お酒を飲みすぎて寝坊したので、お酒をやめます」というのは具体的です。

精神論ではなく、頑張らなくても再発防止できる具体的なやり方を考えることが大切なのです。

「一緒に働きたい」と言われるために

08 失敗したら、何か1つ、やり方を変える。

09 部下に責任を押しつけない人が、信用される。

40代になると部下ができます。

ミスが起こった時に、部下のせいにする人がいます。

「部下がしたこととはいえ、私の管理不行き届きで、私の責任です」と言うのです。

「部下がしたこととはいえ」という文言はいりません。

「私の責任です」だけでいいのです。

「部下がしたこととはいえ」と言うのは、結局、「私は聞いてなかった」と逃げています。

責任逃れが相手に伝わっていることに、本人は気づいていないのです。

芸ごとの世界には、お家元がいます。

お家元は芸が一番うまい人ではありません。

その家の中で起こったあらゆるトラブルや不祥事に対して、自分の責任でないことでも責任をとれるのが、お家元です。

20代は上司の責任にできないから、逃げようがありません。

40代になると、現場に責任を振ることができます。

実際、100のトラブルのうち、99は自分以外の責任です。

そもそも仕組みに問題があったり、誰の責任かわからないこともあります。


自分の責任だろうが、部下の責任だろうが、お客様の責任だろうが、すべての責任をとれる人が、「この人に任せておけば大丈夫」と、信用されるのです。

「部下がしたこととはいえ」と言うと、相手には「この人は全部部下に押しつけてシッポ切りをするんだな」と伝わります。


責任逃れが相手に伝わっていないと思う時点で、人間関係をなめています。

ここに、求められない人の幼児性が出ます。

そんなことは全部バレているのです。

自分のしていないことまで責任をとるのは、たしかに難しいです。

それでも、40代は社会に出て20年以上たっているのですから、それぐらいできなければ困ります。

大学を出てすぐの人にはムリです。

20代は社会では幼児です。

40代でそれができない人は、20年間、幼児のままで生きてきたのです。

「一緒に働きたい」と言われるために

09

部下に責任を押しつけない。

CHAPTER 2

人間関係の信用で、求められる。

10

今までに感謝できる人が、信用される。

感謝には、

①将来してくれるであろうことに対する感謝

②過去にしてくれたことに対する感謝

の2つがあります。

差がつくのは、過去にしてくれたことへの感謝です。

これを忘れている人が多いのです。

「あれはあれでケリがついている」「お礼は言ったし、あれはあれでチャラ」という感覚です。

そうすると、「今はまだしてもらってないし、これからもしてもらえない」という不満だけが残るのです。

辞める会社の悪口を言うことが、一番信用を落とします。

聞いている側は、その会社の状況はよくわかりません。

それでも「この人とは一緒に仕事をすることはないな」ということはわかります。

一方で、「前の会社にはすごくよくしていただいて、全部教えてもらいました。何かの形でいつか恩返ししたいのですが、まだできていないんです」と言う人がいたら、そういう人と仕事をしたいです。

これが「求められる」ということです。

文句を言う人は、「今、何をしてくれるのか」「これから何をしてくれるか」ということばかり言っています。

求められない人は、これまでしてくれたことに対して、感謝の気持ちが欠落しているのです。

ここが一番大きな差です。

今してくれていること、これからしてもらえることに対する感謝は、誰でもするのです。

「一緒に働きたい」と言われるために

10 これからではなく、今までに感謝しよう。

11 赤ちゃんを見ることで、人は謙虚になる。

ゼロ歳の赤ちゃんを見ると、「自分もこんなころがあったんだな。よくここまで育ててもらったな」ということに気づけます。

だから赤ちゃんはゼロ歳で生まれてくるのです。

40歳で生まれてきたら、自分が赤ちゃんだったことを思い出せないのです。

グループの中に赤ちゃんがいるだけで、人間は謙虚になります。

女性は、赤ちゃんを育てることで自分自身を振り返ります。

危ないのは男性です。

自分でおむつをかえていないから、自分がおむつをかえてもらっていたことを忘れてしまうのです。

社会に出たら、上司が自分のおむつをかえてくれています。

それを忘れて「給料が安い」「会社の待遇が悪い」「リストラされた」と言うのですが、そもそも社長がその会社をつくったから、それがあるのです。

時々、「本を出したんですけど、全然広告を打ってくれないんです」と言う人がいます。

違います。

広告を打ってもらえる本は、ごく一部です。

本を出してもらったことへの感謝はどこへ行ったのでしょうか。

少なくとも本を出してくれたのです。

それを忘れて「本屋さんに並んでいない」「営業が足りない」「広告を全然打っていない」と、文句を言うのです。

何もしてもらっていない人は、文句を言いません。

何かをしてもらった人が、それに感謝しないで文句を言うのです。

「一緒に働きたい」と言われるために

11 今までの感謝として、引継ぎしよう。

今までしてもらったことへの感謝を考えると、会社を辞める時もきちんと引継ぎするのは当たり前です。

感謝は「引継ぎ」という形で出すことができます。

引継ぎがきちんとできる人は、転職が成功します。

引継ぎを雑にする人は、転職してもうまくいかないのです。

12 今までのお目こぼしがあることを、知る。

「私は何もトラブルを起こしていないし、迷惑もかけていません」と言う人は、お目こぼしに気づいていません。

注文を間違ったことを誰にも指摘されていないからです。

それは、かわりに上司が謝ったり、誰かが別の形で埋め合わせをしています。

注文を間違えられたお客様は、「まあいいや」と、ガマンします。

そのガマンを、次に小さい粗相《そそう》をした人にぶつけます。

その原因は、最初に注文を間違った人がつくっています。

今、仕事をしているのは、本来はクビだったのに執行猶予になっているだけです。

今は「頑張って信用を取り返せ」という、お目こぼしの期間です。

刑事事件の執行猶予ならわかります。

社会では、「あなたは執行猶予中ですよ」とは誰も言ってくれません。

実際、すべての人が執行猶予中です。

その意識でいると、中途半端なことはできなくなります。

グレイゾーンのことは、危ないからやめておこうと思えるようになります。

執行猶予中は少しのことで刑務所に入れられるので、誰でもまじめになるのです。

自分はノーストライクだと思っていても、実際はツーストライクです。

自分がツーストライクだと思うと、慎重に動けます。

ノーストライクだと思うと、動きが雑になって、信用を落とすようなことをしてしまうのです。

「一緒に働きたい」と言われるために

12

執行猶予中であることに、気づこう。

13

上司をほめる人が、信用される。

信用できる人は、上司・同僚・部下をほめることができる人です。

ほめられない人は、「ほめることで自分の相対的価値が下がる」という誤解があります。

「あの人は英語ができる」という話を聞くと、「英語を話せる人に聞いたら、あいつの英語なんてヒアリングが全然ダメらしいよ」と、穴を突きます。

相手を下げることによって、自分が上がろうとするのです。

実際は、人をほめることで「器が大きい」と思われて、その人の価値が上がっていきます。

ほめられた人も、ほめられたことを間接的に聞いてうれしくなります。

人をほめる人は、みんなからリスペクトされる存在になるのです。

けなす人は、つねに自分を上げるために誰かを下げようとします。

誰かをけなす人は、マウンティングしたり自慢話をします。

そういうタイプは、まわりから、ビクビクした、器の小さい、キャンキャン吠えている犬に感じられます。

そのことに気づかないのが、その人の社会性のなさです。

よそでは、できるだけ上司・同僚・部下をほめたほうがいいのです。

求められない人は、誰かが上司・同僚・部下をほめるとフキゲンになります。

「ああ、そう見えますか」と言いながら、不服そうな顔をします。

「あまりこんなことを言っちゃいけないんだけど、あの人は裏では○○なんですよ」

と、けなすのです。

会社を辞めた後、ヒット作を出したり売れている人に対して、「あいつは会社では嫌われていた」「仕事ができなかった」と言う人がいます。

それを言うことで自分の価値を下げて信用を落としていることに、本人は気づいていないのです。

「一緒に働きたい」と言われるために

13

よそで、上司をほめよう。

14 自分の知らないところで、上司が謝ってくれていることを知る。

交通事故は、当然、自分が起こしたことに気づけます。

仕事上の事故は、起こったことに気づきません。

気づいたとしても、自分が起こしたとは思わないのです。

たとえば、ペーパードライバーの人が車線をまたいで運転していました。

その人が何か思いついて、突然ハンドルを切ったりブレーキを踏みます。

後ろの人は「危ない」と思って、急ブレーキを踏むから、そのさらに後ろの車と追突事故が起こります。

その前で車線をまたいで走っていたペーパードライバーは、後ろを見て「運転のヘタな人がいるな」と思って、どこかに行ってしまうのです。

会社でも同じ事故が起こります。

事故の原因は、「ドンマイ」と言っている人です。

チームプレーにおいては、事故を起こした人に責任はありません。

その前に原因となる誰かがいるのです。

「自分が今、ここで危ない運転をしたから事故が起こった」と気づけるのがプロです。

新人が事故を起こすのは、上司が新人の事故を誘発するようなことをしたからです。

悪い例ばかり挙げているとへこむので、いい例も挙げておきましょう。

ファミレスは料金が安くて、サービスもそこそこだと思われています。

ファミレスでも、ちゃんとしている人は、きちんとしています。

私が朝、ファミレスで食べている時に、新人アルバイトの主婦の人に「お客様に料理を運ぶ時、お皿が2つある場合は1個ずつ運んだほうがいいよ」と教えている先輩がいました。

お客様にとっては、何回も来てくれるほうが感じがいいのです。

来てくれたついでに注文することもできます。

そう言われると、「へえ、そうなんだ」と思えます。

ムリに2つ運ばなくていいのです。

「2つ運んだら落とすから、そんな雑なことしないで」とか、「急いで2つぐらい一度に運べ」と言うのは、どちらも相手には響きません。

それを横で聞いていたお客様が、ひょっとしたら、別のレストランの経営者で、店長候補を探しているという可能性もあります。

「お皿は1個ずつ運んだほうがいいよ」とアドバイスしている人がいたら、その人をスカウトしたくなるのです。

それを指示された人もうれしいです。

自分のまわりには自分を求めている人がいつもいるのです。

頑張るのは面接室だけではありません。

日常生活でしていることすべてが面接です。

結婚式に行って、「うちの会社に来ないか」と言われる人もいました。

ごはんを食べるとか、日常生活すべてがオーディションです。

「私は無事故でゴールド免許です」と言っている人は危ないのです。

車線をまたいでいるペーパードライバーも無事故です。

怖くて誰もその人に近寄らないから事故が起こらないだけです。

駐車場でも、ブロックをまたいでガッタンと向こう側に入れるような人に自分のクルマをこすられでもしたら、こすられ損です。

その人の近辺には誰もとめません。

わかっていないのは本人だけなのです。

「一緒に働きたい」と言われるために

14 気づいていない事故を起こしていることに、気づこう。

15 なじみのお店に、入り浸らない。

40代ぐらいになると、なじみの店ができます。

「いつもの店」の「いつもの席」に座って、「いつものメニュー」を頼みます。

店の人とも、なあなあです。

こうなると、新規の開拓はしなくなります。

新規開拓には勇気がいります。

「会員制」と書いてある、中が見えない木の扉のスナックは、怖くて入れません。

誰がお店の人で、誰がお客様かわからないようなお店に入るのは、大変な勇気がいるのです。

見るからに汚いお店は、超おいしいか、超まずいかのどちらかです。

大当たりか大ハズレしかないのです。

いつもの店に行って「いつもの」と言うほうが、ずっとラクです。

そうなると、その人は新しいチャレンジをしなくなるのです。

いざお客様を連れていく時も、ほかの店を知らないので、そのなじみの店へ行きます。

その店が、お客様に気に入ってもらえる店とは限りません。

ちゃんとした店に連れていってくれるのかと思ったら、ショボい店に連れていかれてクレームになるのです。

いざという時のために、大切なお客様を連れていけるお店を開拓しておいたほうがいいのです。

いいお店はチャレンジしないと入れません。

日々、投資をして、緊張感を持ってチャレンジすることです。

『孤独のグルメ』の井之頭《いのがしら》五郎は、日々、知らない店に入るというチャレンジをしています。

あれは凄いです。

チャレンジにくじけて、なじみの店で安心したい時もあります。

そういう時は、いつも井之頭五郎を思い出して、知らない店に勝負を挑むのです。

20代は知らない店しかありません。

40代はなじみの店ができて、ほぼそこしか行かなくなります。

大切なお客様は、ショボい、なじみの店に連れていかれても、少しもうれしくないのです。

「一緒に働きたい」と言われるために

15

大切なお客様を連れていける店を開拓しよう。

16

落ち込み続ける人は、使いにくい。

ほとんどの人は叱られた時に落ち込みます。
落ち込んだ後が、勝負です。
叱りやすいのは、すぐケロッとしてくれるタイプです。
すぐケロッと立ち直るタイプが求められる人です。
落ち込みが長引いて、次の日休むような人は使いにくいのです。

40代でもそういう人はいます。
20代の特徴というわけではありません。
「私は仕事ができる」と思っている人は、そこに傷がつくことを恐れてビクビクしています。

20代は新人ですが、40代はベテランです。

「ベテランなのに、こんなミスをした」ということで、自分で自分を追い詰めてしまうのです。

芸ごとの世界は、30年やっても、まだこれからという世界です。

人間国宝の80代とか90代の人たちが、「いつかこんなことをしてみたい」と、抱負を語っているのです。

「オレはベテランだ」と思っている人は、一番求められない人になっていきます。

同じ程度の仕事の能力なら、ヘンなプライドを持っている人よりは、「自分はまだ新人なんで」と言う人のほうが、使う側は使いやすいのです。

新人のミスは許されます。

「私は仕事ができる」「私はベテランだ」と言うのは、自分でハードルを上げて損をしています。

「ベテランなのに、こんなこともできないの?」と言われてしまうのです。

「一緒に働きたい」と言われるために

16

叱られた時、落ち込み続けない。

17

明るいのと、はしゃぐのは違う。

メンタルは明るいほうがいいのか、暗いほうがいいのかという問題があります。

どちらも違います。

明るくて、はしゃがないのが一番いいのです。

「はしゃぐ」と「明るい」は違います。

はしゃぐは、一人で喜びます。

明るいは、ハッピーを共有します。

明るい人は淡々としています。

仏様の笑顔は微笑《ほほえ》みです。

大爆笑ではないのです。

はしゃぐタイプは、アップダウンが起こります。

これが使う側からすると使いにくいのです。

機嫌がいい時は、ゴキゲンです。

機嫌が悪い時は、とことんフキゲンです。

安定感がないのです。

はしゃぐと、脳はエネルギーを消耗します。

ムリに上げているので、その反動でストーンと落ち込むのです。


宮沢賢治の『雨ニモマケズ』の「イツモシヅカニワラッテヰル」というのが、一番安定した状態です。

ゴキゲンだったのに、あるところで突然ガクッとフキゲンになる人は、「今日のキゲンはどっち？」と、まわりはビクビクします。

下からも上からも、つきあいにくい人になっていくのです。

「私は明るい人間だ」「元気いっぱいだ」と、元気を売りにするタイプはムリに上げていることが多いので、危ないのです。

ムリにはしゃぐのは、典型的なウツの初期症状です。

「なんであんなに元気な人がウツになったの？」と、みんなビックリします。

気分がふさいでくると、みんなから「あいつ、ウツじゃないか？」と言われたらどうしようと思って、偽装して気分を上げるのです。

これは疲れます。

元気のない時は、元気のない状態を見せてもいいのです。

元気のない時にムリにはしゃぐから、その行って来いのエネルギーの消耗が、結果、真性のウツに発展していくのです。

大切なのは気分の波が安定していることです。

「明るい人」というイメージを持たれたいということがあります。

どうしてもはしゃいだ状態を見せようとして、頑張ってしまうのです。

ここで、お酒を飲まなくても酔った状態が生まれます。

飲むと疲れるのは、エネルギーの消耗量が大きいからです。

お酒を飲んではしゃぐのは、自分の体力を超えたところではしゃいでいるのです。

「一緒に働きたい」と言われるために

17

暗くなく、はしゃぎもしない。

CHAPTER 3

コミュニケーションの信用で、求められる。

18 ポジティブに始まって、ポジティブに終わる話し方をする。

信用される人は、話の頭がポジティブで、最後もポジティブで終わります。すべてポジティブで会話するのは難しいです。

感情に喜怒哀楽があるように、話の中にもポジティブとネガティブがあるのです。

ずっとポジティブでいようとすると、はしゃいだ状態になって、ドーンと揺り返しが来ます。

人間の感情なので、ネガティブもあっていいのです。

「万が一、〇〇になったらどうしよう」と考えるから、そのための事前の準備をしたり計画を立てることができます。

ポジティブなだけのお医者さんは、レントゲンで何か見つかっても、「これは何かの間違いだろう」と、スルーします。

お医者さんは心配性のほうがいいのです。

ポジティブシンキングのパイロットが、「警告音が鳴ったけど、何かの間違いだろう」で済ませてしまったら、命にかかわります。

ここで「おかしい」と気づいてほしいです。

整備士が「ここにボルト1本落ちてるけど、まあいいや」では困るのです。

大切なのは、ポジティブとネガティブの両方を持っておくことです。

ただし、順番は重要です。

ネガティブで始まって、次にポジティブが来て、最後はネガティブで終わるという順番では、聞いた側は重い気持ちになります。

「一緒に働きたい」と言われるために

18 ネガティブな終わり方をしない。

19

「ネガティブなことを言う人は仕事ができる」は、勘違い。

企画会議で万が一のリスクを出してきて、企画をつぶしてしまう人がいます。

「こういうことに気づける、仕事ができる男だ感」を出したいからです。

さっきまでゴキゲンだったのに、突然「君たちは、大切なことを見落としていないか」と言い出すので怖いです。

「仕事ができるとはこういうことだ。おまえたちは若いな。オレはさんざんやってきているから、そういうこともわかるんだよ」と、自分の「仕事した感」をアピールするのです。

ビュッフェの企画でも、「大学の相撲部が毎日来たらどうするのかな」と、言うことがいちいち極端です。

実際に1カ月ぐらい調べてみると、定価以上に食べる人は2%しかいないことがわかります。

最初は高ぶってたくさん食べますが、常連さんほど食べる量がだんだん減っていくのです。

大切なのは、最後のところでチームが沈んだ空気で終わらないことです。

求められる人は、つねにサッカーのハーフタイムのミーティングのつもりで部下に接するのです。

19

「一緒に働きたい」と言われるために

企画つぶしで、仕事力をアピールしない。

20

名君は、ポジティブで終わる。

徳川15代将軍の中で、11代将軍の家斉《いえなり》は「オットセイ将軍」と呼ばれています。子どもは50人以上と言われています。

徳川家はみんな体が弱いのに、家斉はオットセイの陰茎を削って飲んでいて絶倫なのです。

そこばかりフューチャーされますが、家斉はなかなか面白い人です。

徳川家は共通して古典が大好きです。

家斉は『三国志』が好きでした。

ある時、部下の前で「なんでうちには諸葛亮孔明《しょかつりょうこうめい》みたいな者がいないのかね」と言ってしまいました。

部下はシーンとなりました。

ここで終わったら、ただのイヤな人です。

家斉はその時、「あっ、そうか。オレも劉備《りゅうび》じゃないしね」と言いました。

これでみんなほっとしたのです。

これがポジティブな終わり方です。


家斉は、ただ子だくさんなだけではなく、実は名君だったのです。

お花見の季節に、部下が気を使って、「殿が行く時には事前にその地域の安全を保っておきますから、女性を連れてお花見に行きませんか」と言いました。

セキュリティー対策は、自分が行った時のことだけではありません。

事前に何日も調べることになります。

家斉は「その間、庶民がお花見に行けなくなるからやめとこう」と言いました。

そこまで気を使えるのです。

もう1つ例を挙げると、家斉は重鎮の家臣たちに「自分たちで菊をつくって菊づくり比べをやろう」と言いました。

家臣はみんな、きれいな菊をつくってきました。

たった1人だけ超ヘタな菊をつくってきた家臣に、家斉は「おまえが一番だ」と言いました。

菊づくりのプロでもない人が、うまくつくれるわけがないのです。

みんなはプロに頼んで、自分がつくったことにして持ってきただけです。

その中で超ヘタな菊を持ってきたのは、正直に自分でつくったということです。

この人こそ、寛政《かんせい》の改革に抜擢された松平定信《さだのぶ》です。

松平定信の菊を見た家斉は、「なんだ、これは」とネガティブに言って、次に、「みんなはうまいね」と言った後、「おまえは正直者だ」というところに持っていきました。

すべてのコミュニケーションにおいて、最後はポジティブで終わることが大切なのです。

求められる人は、沈滞ムードを変えることができるのです。

「一緒に働きたい」と言われるために

20 沈滞ムードを切り替えよう。

21 「わかりました」と返事する。

私が車の免許の更新に行った時のことです。

無事故の人でも30分の講習があります。

他の受講者は、すいていたので後ろに座っていました。

私は感じよくしたくて一番前に座りました。

講師が「自転車の説明をしますから37ページを聞いてください」と言いました。

途中、「今の説明でおわかりいただけましたでしょうか」と聞かれたので、私は大きくうなずきました。

その時、講師は「わかりましたか」と、もう一段大きな声で繰り返しました。

「返事をしてください。私は1日にこれを10回以上説明しています。でも、返事をしてくれる人がほとんどいなくて寂しい」と言うのです。

うなずくのは、自分の中では「了解」だと思い込んでいます。

それは了解ではありません。

相手に「わかりました」と言うことで、初めて了解なのです。

「わかりました」と言わないと、相手はわかったかどうか不安です。

「わざわざわかりましたと言わなくても、うなずいたからわかるだろう」と思いますが、それではダメなのです。

特に今はメール社会です。

メールの向こうで「ウン」とうなずいても、相手には伝わりません。

「わかりました」というメールをいちいち出すのは、相手もわずらわしいだろうと思って、つい省略してしまうのです。

ＬＩＮＥでは開封したことがわかるといっても、不安は残ります。

了解の意思表示をすることが、相手のストレスを取り除くことになるのです。

「一緒に働きたい」と言われるために

21 了解した意思表示をしよう。

22 上司の指示には、「今までもそうしてました」より、「励行します」。

上司に今までもしていたことを重ねて指示された時に、「今までもそうしていました」と言う人は、求められません。

「自分は仕事ができる」と、アピールしたいからです。

上司は不安だから、念を押して指示しているのです。

ここで、

①「今までもそうしていました」と言う人

②「わかりました。励行します。大事ですね」と言う人

の2通りに分かれます。

「励行します」と言う人は、今までそうしていた人です。

上司は「これからも気をつけてやってね」というつもりで言っています。

「やってました」という人は、これからやるのかどうかわからなくて危ないのです。

大切なのは、今までしていたかどうかではなく、これからするかどうかです。

だからあえて蛇足《だそく》になるようなことを言うのです。

それに対して「私、してますけど」と言うのは、「していないと思われたらどうしようう」という被害者意識なのです。

被害者意識のある人は、求められないのです。

「一緒に働きたい」と言われるために

22

自分を、守らない。

23

上司が遅れた時に、「お忙しいところ、ありがとうございます」。

上司がミーティングに遅れて来て、「ゴメンね。遅くなって」と言いました。

求められない人は、ここで無意識に「大丈夫です」と言ってしまうのです。

「大丈夫です」は上から目線です。

遅れて来た人には、遅れて来る事情があります。

突発的なアクシデントがあったり、忙しい中を来ているのです。

それがわかるかどうかです。

遅れてきたということは、上司の忙しさです。

「上司はなんで私にこんな仕事を押しつけるんだ」と文句を言っている人は、上司より自分のほうが忙しいと思っています。

自分が一番忙しいと思っている人は、求められない人です。

実際は、役職が上になればなるほど、することが多くなって忙しいのです。

「上司はヒマでいいな。一日中、窓ぎわで新聞を読んでいればいいんだから」というのは勘違いです。

現場は現場で「自分が一番忙しい」と思っています。

上司は上司で「自分が一番忙しい」と思っています。

どちらも間違っています。

世の中には、自分より忙しい人はたくさんいるのです。

本当に忙しい人ほど「忙しい」とは言わないで悠々としているので、まわりからは「あの人はヒマでいいな」と思われています。

忙しそうな人は、ヒマをカモフラージュするために忙しぶっています。

または、ただダンドリが悪いだけです。

一番いけないのは、「自分が一番忙しい」と思うことです。

本当に忙しい人は、生産性の向上と仕組みの改善をつねに考えています。

そういう人は、待ち合わせで相手が遅刻しても、「相手のほうが忙しいのに申しわけないな」という気持ちでいられるのです。


コミュニケーション能力や気配り感は、ウエイターさんに頼む時のタイミングでわかります。

時々、大量のお皿を運んでいる人に頼む人がいます。

そんな人に頼んでも注文は通らないのです。

相手の忙しさの間合いがわかるかどうかです。

頼むタイミングがわかる人は、相手の忙しさが理解できているのです。

「一緒に働きたい」と言われるために

23

上司の忙しさを知ろう。

24

息継ぎなしで、ひと息で報告する。

上司に報告をする時に「実は……」でためられると、その瞬間に「何があった？何があった？」と、心拍数が上がります。

心拍数が上がると、脳梗塞《のうこうそく》のラクナ（脳細胞が壊死した状態）ができてしまいます。

「実は……」で息継ぎしないで、ノンブレスで最後まで言い切ったほうがいいのです。

本人は結論から先に言っているつもりでも、「実は……あのう、なんて言えばいいか……」というヘンな間《ま》が上司のストレスを生みます。

「実はやってしまいました」と、一気に言ってくれたほうがラクです。

言葉をためるのは習慣です。

ためる人は、ためるクセがついています。

クレームやミスが起こった時に、上司を心配させてはいけないと思って、「実は……」で、ひと息ついてもらおうとするのです。

これは逆効果です。

そのひと息の間に、上司は最悪の事態を5つぐらい考えています。

それに対して「どうしよう、どうしよう」と、ムダな心配をしてしまうのです。

「一緒に働きたい」と言われるために

24 ヘンなタメをつくらない。

25

上司が読み間違えたら、「わかりにくい書き方で、失礼しました」。

メールでキャッチボールをしている時に、上司が読み間違えて返事をすることがあります。

「いや、そうじゃなくて」と言いたくなりますが、それは自分の文章がわかりにくかったということです。

メールの欠点は、自分の書いた文章を読み返さないことです。

自分はわかったつもりでも、相手は間違った文章で話を進めてしまいます。

「手書き」で書くとどうしてもスピードが遅くなるので、読み返さざるをえなくなります。

「話し言葉」は、相手のリアクションを見ながらなので大丈夫です。

「メール」は話し言葉に比較的近い状態で、読み返さずにパパッと打ってしまいます。話し言葉と書き言葉の中間のミスが生まれやすくなるのです。

相手が読み違えた時に「わかりにくい書き方で失礼しました」と言える人は、次からは改善します。

焦るタイプは、メールの中に日付が2つとか、登場人物が2人出てくると混乱します。

でも、本人はきちんと書いたつもりです。

特にメールでは、雑な文章にならないように、自分の書いた文章をちゃんと読み返したほうがいいのです。

「一緒に働きたい」と言われるために

25

自分の文章を、読み返そう。

26 「そのように、伝えます」では、どのように伝えるのか、不安になる。

「○○さんに△△と伝言しておいて」というメールを送った時に、求められない人は「そのように伝えます」という返事をします。

これが困るのです。

「そのように」が「どのように」なのか、わからないからです。

相手がきちんとわかっているか不安になるのです。

代理店の打ち合わせも、「じゃ、そんな感じで」で終わることはよくありました。

「『そんな』って、どんな?」と思います。

「そのように伝えます」が、どれだけ上司を不安にさせるかということです。

信用される人は、指示代名詞を使いません。

何を指しているかわからなくなるからです。
もう1つ、上司が安心するのは、「伝えます」の後の「伝えました」です。
「伝えます」は「I will」なので、まだ終わっていません。
いつ伝わったのかもわかりません。
「伝えます、と言ったんだから問題ないでしょう」と思うでしょうが、違います。
完了したことを伝えることで、仕事は終わるのです。
新人研修のころは、きちんとしていました。
だんだん社会に慣れてくると、新人研修のころのマナーが劣化していきます。
新人が劣化したマナーでやっていたら、上司から怒られます。
イタいのは、40代以降の人が劣化したマナーで平気でいることなのです。

「一緒に働きたい」と言われるために

26

指示代名詞を使わない。

27 代理で打ち合わせた要件を、戻ったら、即報告する。

ベテランになると、上司の代理で打ち合わせに行く機会があります。

この時、上司が最も欲しいのは、打ち合わせの中身の速報です。

まじめな人は、きちんとした報告書をつくろうとします。

上司の一番のストレスは、部下が帰ってきているのに何の報告もないことです。

部下は部下で、今晩、紙にまとめて、明日、報告しようと思っています。

清書のひと晩が、上司へのストレスにつながってしまうのです。

本の打ち合わせも、帰ってきて即「こういう企画です」という報告をもらったら、即サンプルをつくって1時間で返せます。

夜をまたがなくて済むのです。

特に、クレームの場合は、できるだけ早く現状を把握することが大切です。

危機管理は24時間と72時間に山があります。

私は消防大学校で教えています。

生存率の1つの山が24時間で、次の山が72時間です。

仕事も同じです。

ひと晩たつと生存率が下がるのです。


求められない人は、きちんとしたものを出したいというこだわりがあります。

それは自己満足です。

上司からすると、スピードのほうが大切です。

これからお客様に会う時は、手書きでもいいから、必要なモノをパパッと出してほしいのです。

「汚い書類を出すのはちょっと……」と言う人は使えないのです。

私が出版社の人と企画をする時も、「きちんとした企画書にまとめますので」というタイプより、手書きのラフでチョコチョコと書いてくる人のほうが仕事は早いし、そういう人と仕事をしたいです。

きちんとするのは相手のためではなく、自分自身の満足のためなのです。

「一緒に働きたい」と言われるために

27

報告は、詳しさより、スピードを優先しよう。

28

「すみません」「わかりません」「勘違いしました」を言う人は、信用されない。

学校の勉強で、「すみません」「わかりません」「勘違いしました」と言う子は伸びません。

そもそも学校ではわからないことを習っているので、「すみません」はいらないのです。

間違えた時に「勘違いしました」と言うのは、自分が間違えたことを人に知られたくないからです。

「勘違いしました」は逃避の言葉です。

企業研修の感想欄には、大半の人が「勉強」「努力」「挑戦」と書いてきます。

「勉強」「努力」「挑戦」は抽象論であり、便利な逃げ言葉です。

大切なのは「早速こうしました」「今までこうしていたのを、こう変えました」と、具体的に書くことです。

「勉強になりました」「これから努力します」「挑戦したいと思います」と言う人は、結局は何もしません。

こういう人は求められないのです。

生徒がどう生まれ変わったかのほうが大切です。

「先生のお話を聞いて、かねてより私が考えていたことが正しかったと確信が持てました」と言われたら、「話したかいがなかったな」と、残念に思うのです。

「一緒に働きたい」と言われるために

28

「勉強・努力・挑戦」より、具体的な行動を言おう。

29 勉強とは、驚くことだと知る。

人の話を聞いて驚くのは、今まで自分が正しいと思っていたことが真逆だったとわかった時です。

その時、その人の行動は変わっていきます。

「それは、つね日ごろ私が部下に語っていることです」と言われると、「新しいことを言えなくて申しわけないね」という気持ちになります。

ベテランは「驚いたら負け」と思っているのです。

大切なのは、自分のちゃぶ台をひっくり返すことです。

「感動」という言葉もよく使われます。

感動は、自分が前から考えていたことの再確認でしかありません。

「YouTubeで見たトレビの泉に、実際に来て感動した」と言うのです。

大切なのは、感動よりも、驚くことです。

『ローマの休日』を見て、スペイン広場でジェラートを食べようと思ったら、今はジェラート禁止でビックリ」というのは、行った感があります。

「ジェラートでベタベタになったんだって」というのがリアルなレポートです。

驚くことが、その人の生まれ変わりです。

驚ける人が信用できる人です。


部下に新しい食べ物屋さんに連れていってもらった上司が、ひと口食べて「オッ、こんなの食べたことないな」と驚いてくれたら、連れていったかいがあります。

たとえば、料理研究家の土井善晴先生は、おいしいものをたくさん食べています。

そういう人に「こんなの食べたことない」と言われたら、うれしいです。

一流の人ほど驚きの量が多いのです。

そこで驚いたからといって、「土井先生は大したことないな」とは、誰も思いません。

それが器であり、自信です。

「ここで驚いたら、あの人はふだん大したものを食べていないと思われる。ここで負けてはいけない」と思っている人は、「うん、まあまあかな。君はまだお寿司がわかっていない」と言うのです。

そういう人は、まわりから器が小さいと思われます。

勉強とは驚くことです。

感動しているだけでは、求められないのです。

「一緒に働きたい」と言われるために

29

驚くことで、生まれ変わろう。

30

伝言は、情報に、感情を加えて報告する。

伝言の大切な要素には、情報と感情の２つがあります。

求められる人は、伝言する時に、情報だけでなく感情も乗せてくれます。

「こういう問い合わせがありました」という伝言を受ける時は、

「急がれていました」

「だいぶお困りのようでした」

「ちょっとご立腹でした」

という相手の感情を聞いておかないと、対応をしくじります。

ご立腹なのか、うれしそうなのかで、対応は変わるのです。

必要なのは、情報より、むしろ感情のほうです。

それなのに、情報が大切だろうと判断し、相手の感情を伝言しない人がいます。まじめな優等生ほど、「感情は関係ないから、情報を伝えなければいけない」と思い、大切な感情の部分をカットします。

「ご立腹でした」と報告すると、上司から「おまえ、何やってるんだ」と叱られたり、自分の減点になるかもしれないと思うと、ネガティブな感情情報をカットしていくのです。

それでは事後対応をしくじります。

「何かありましたでしょうか？」と、ぶらっとお客様のところへ行ってしまうからです。

「ご立腹でした」と事前に聞いておくと、心の準備をして行けます。

感情情報がないまま行くと、お客様とのすれ違いが起こり、ボヤが大火災になります。

小さな補足情報に、チャンスがあるのです。

企画会議で、企画書やホワイトボードにメインに書かれていないことを発言するよりは、トイレやエレベーターでボソボソと話していることに企画のヒントがあります。

相手側から出てくるものには企画のヒントやホンネが隠れているので、どんなに小さな情報でも大切です。

大きい情報は放っておいても伝わります

小さい情報ほど、報告する必要があるのです。

「一緒に働きたい」と言われるために

30

小さな補足情報を伝えよう。

31 返事がいるものは、箇条書きする。

部下は、とにかく上司の手間を省くことが大切です。

私は、要返事のメールをもらうと、すぐに返します。

返事が抜けていた場合は、「あと、これが抜けています」と、わかりやすく書いてほしいのです。

「①これはどうするか　②これはどうするか　③これはどうするか」と、箇条書きになっていると、漏れなく返事できます。

箇条書きなしの長文で「これ、お返事お願いします」では、残っている部分に気づかずに返信してしまうことがあります。

すると、「きちんと読んでください」と言われます。

つねに、忙しい人がザッと読んでもわかるようにしておくのが、求められる人です。

そうしないと、「あと、これが抜けていますけど」と、もう1回メールしなければなりません。

「1回で済んだことを、もう1回する」というムダをいかに減らしていくかです。

ネットは、ワンクリックかツークリックかで、売上げが大きく変わります。

どれだけワンクリックにするかで勝負しているのに、「ネットは便利だから、もう1回聞けばいいんだ」という甘いやりとりをしないことです。

要返事モノは、見る側が、ひと目で「これとこれとこれを返信すればいいんだな」とわかるようにします。

質問も、短い言葉で返事できるような文体にしておくことが大切なのです。

「一緒に働きたい」と言われるために

31

返事がしやすい形で、連絡しよう。

32 質問されそうなことの返事を、先に書いておく。

口頭やメールで報告をした時に、「わかりました。これはどうなっているのかな?」と聞くと、「聞かれると思いました」と言う人がいます。

これはNGです。

聞かれると思うことは、先に書いておけばいいのです。

そうすれば、上司が2回聞く手間が省けます。

SMクラブのクレームで一番多いのは、「痛すぎる」です。

痛いことをしに来ていても、求める痛さは人それぞれです。

なかには、恥ずかしくてホンネを言えないお客様もいます。

お店の側が、お客様はどれぐらいの痛さを求めているか探ればいいのです。

お客様はウソをつくこともあります。

「パソコンが動かなくなった」と修理を依頼され、「コーヒーか何かこぼされましたか?」と聞くと、「いや、知らない」と言われました。

たとえコーヒーをこぼしていても、そのことは言いません。

パソコンの修理をする時は、原因を先に言ってくれると直しやすいそうです。

そうしないと、動かない原因を全部探らなければならないからです。

実際、ほとんどのお客様は原因を言いません。

明らかにコーヒーの跡があるのに、言いません。

それでも、何が原因かを感じ取ることです。

「一緒に働きたい」と言われるために

32

二度聞きさせる上司の手間を省こう。

33 メールの言葉に、思いやりがある。

メールの言葉がすごくぶっきらぼうになる人がいます。

ふだん会っている時は優しい人です。

そういう人ほど、メールのやりとりをすると、ぶっきらぼうになるのです。

逆に、ふだん会うとふざけている人が、メールではすごくきちんとしていることがあります。

株が上がるのは、メールできちんとしている人のほうです。

不思議なことに、メールではくだけた言葉づかいになる傾向が強いです。

ふだんきちんとしている人のほうが、メールで突然赤ちゃん言葉になったりします。

これが「メール酔っ払い現象」です。

メールに対してのリテラシーの低さが原因です。
メールで文章がぶっきらぼうになる人は、いい人が多いです。
ぶっきらぼうなメールでも許せる人なのです。
私は文章を書く人間なので、読んだメールにカチンと来るタイプです。
だからこそ、カチンと来る文章を書いてはいけないとわかるのです。
イラッとするタイプの人のほうが、メールは丁寧です。
「なんでこの文章で失礼なんですか」と言う人は、ふだんは寛容な人です。
メールになると、とたんに態度が逆転してしまうのです。

「一緒に働きたい」と言われるために

33

ぶっきらぼうな書き方にならない。

34

事実と解釈が、分かれている。

文章を書く時は、事実と解釈を混在させないことです。

読む人には、事実と解釈の違いがわかりません。

読む人のために、ここまでは事実、ここからは解釈と分けておく必要があります。

本人の中では、どちらも事実だと思っています。

その事実の中に自分の想像と解釈と希望がまじっているので、それを分けておかないと、読む側は解釈を事実と思ってしまいます。

これは、相手が1人ならまだいいのです。

伝言ゲームになると、解釈が事実になっていきます。

たとえば、ホテルでお客様からクレームがありました。

ホテルでは、現場のスタッフから電話で少しずつ上の役職に伝言されます。

「スキンヘッドのお客様が激怒り」という最初の伝言を聞いた人が、次に「スキンヘッドのヤクザっぽい人」という解釈を入れます。

次に「スキンヘッド」が消えるのです。

「ヤクザっぽい人が日本刀を持っているかもしれない」から、最後は「ヤクザっぽい人が日本刀を振りまわしている」という伝言になりました。

実際に行ってみると、スキンヘッドの、ただの普通の人なのです。

これが、解釈と事実を混在させている状態です。

伝言は、言葉がひとり歩きしていくので、最後に伝わる人まで事実がわかるようにしておくのが、求められる人です。

「一緒に働きたい」と言われるために

34

事実と解釈を、混在させない。

35 1つのメールに、複数の案件を書かない。

1つのメールに複数の案件を書いてしまうと、見落としが起こります。

本人は返事したと思っていると、相手側は待ってしまうのです。

「あれの返事はまだですか」と連絡が来て、「えっ、どれ？　返事したよね」と言うと、「中に書いてあったもう1個の質問の答えがありません」と言われます。

これは、案件ごとにメールを分ければ起こりません。

口頭では起こらないことが、メールでは起こるのです。

一番時間を奪うのは、お互いが待ち状態になることです。

メールにはアイコンタクトがないからです。

野球の場合、テキサスヒット（ポテンヒット）を防ぐのはアイコンタクトです。

「行くぞ」と言わなくても、お互いに目を見れば、どちらが行くか一発でわかります。

チームプレーにおいては、アイコンタクトが大切です。

メールに慣れていくリスクは、アイコンタクトの意識が希薄になることです。

スポーツでしているのは、ほとんどアイコンタクトなのです。

守備では、声を出さなくても、目が合えば、お互いにどうしたいかがわかります。

これがチームプレーです。

メールに慣れていくと、たとえ目が合っても、今、何をしようとしたかがアイコンタクトで伝わらなくなってしまうのです。

「一緒に働きたい」と言われるために

35 上司の見落としを、防止する書き方をしよう。

36

メールの件名で、内容がわかるようになっている。

毎日、膨大な量のメールがあるので、勝負は件名でわかるようにしておくことです。

たとえば、「プレゼンの結果」という件名では、メールの本文を開かないとわかりません。

件名は、「プレゼンの結果、通りました」「プレゼンの結果、残念でした」でいいのです。

「プレゼンの結果」は、あけるまでのドキドキ感で心臓がつぶれそうになります。

これで負担がかかり、寿命が縮むのです。

ひどいのは、「プレゼンの結果」という件名で、本文は「まだです」というメールです。

「本日、要返事のもの」という件名をクリックすると、「ありません」と書いてあることがあります。

相手にムダなひと手間をかけさせていることに、書いている側は気づきません。

メールは、あける側の立場になって書けばいいのです。

メールでは、件名が一番大切な欄だという意識が必要です。

つねに、件名でわかるようにしておくのです。

「残念でした」という件名を見て、覚悟して本文を読むのか、内容がわからずドキドキしながら本文を読むのかでは、精神的に大きな差があります。

最近はセキュリティーの関係で添付ファイルがなかなか開きません。

わざわざ「要返事のリスト」という添付ファイルまであけて、「ありません」というメッセージを見た時のガッカリ感は、ハンパではありません。

「この手間をどうしてくれる?」と怒りたくなります。

なかには、件名を書かない人がいます。

1回、添付ファイルの中身まであけて、「ありません」というメールが来ると、次からその人のメールは見なくなります。

その後は、その人を連絡先の中に入れません。

「今度から新しいプロジェクトに、この人はまぜないようにしよう」と、プロジェクトに呼ばれなくなり、求められなくなります。

仕事はパスまわしの連続なのです。

なかには、件名に「○○出版の△△です」と名前を書く人がいます。

差出人の名前は、受信メールに表示されているので、件名に書く必要はありません。

件名に名前を書くと、スマホでメールを見た時に、その後に続く文章がはみ出てしまい、大切な案件の部分が読めません。

件名には、名前ではなく内容がわかる文言を入れておく人が求められる人なのです。

「一緒に働きたい」と言われるために

36

本文を見なければわからない件名の書き方をしない。

CHAPTER 4

お金の信用で、求められる。

37 会社のお金を大切にする。

サラリーマンは、会社のお金は無料と思いがちです。

そうすると、コピー1枚のミスが平気になるのです。

たとえば、A4判のコピーをする時に、縦横の向きを間違えたまま10枚コピーしても、平気な人がいます。

「間違った」と言いながら、その10枚の紙をバッと捨てるのです。

その人が信用できるかどうかは、会社のお金を大切にしているかどうかで判断されます。

会社のお金を大切にできる人が一番信用されます。

雇う側の社長にとっては、会社のお金は自腹です。

つねに、自分のお金が出ていっているのです。

社長は、自腹なのでムダづかいしません。

社員にとっては、会社のお金は無料という感覚です。

この感覚は不思議です。

自分がお金を払ってするものに対してはすごく敏感なクセに、自分がお金を払わないものに対しては、「こんなの無料でしょう」と鈍感になるのです。

サラリーマンの怖さは、会社のお金を無料に感じてしまうことなのです。

「一緒に働きたい」と言われるために

37

コピー1枚、失敗しない。

38

グレイゾーンは、自腹を切ることで、信用が生まれる。

経費には、「これは経費で落ちるかな」という、自腹との境目があやふやなグレイゾーンがあります。

そのグレイゾーンを自腹にしていく人が、信用されるようになります。

私がサラリーマン時代にいたチームは、太っ腹な上司で、経費をけっこう使っていました。

私も、経費を使うのが得だと思っていたサラリーマンの時に、経理の人に「中谷さん、これ……」と言われたのです。

それ以来、私は経費を一切使わないことにしました。

経理の人に、また「これって……」と言われるのがイヤだからです。

グレイゾーンの経費を一切使わない、という状態にしていくのが信用になります。

使えるところまで経費を使おうと考えると、どんどん境目があやふやになります。

怖いのは、経費中毒が起こることです。

そうなると、経費を使っている感がなくなり、「使わないと損」という感覚になります。

求められない人は、出張に行く時も、限度額までのホテルに泊まらないと損と考えます。

自腹で行く時は、死ぬほどネットで安いところを探すのに、経費ではぜいたくして、限度額まで使うのです。

経費中毒になると、使わないと損、余らせたら損という感覚が当たり前になります。

自営業者には、この感覚はありません。

自腹は、どんなにぜいたくしてもいいのです。

会社のお金は、どこまでもケチケチするという人が信用されます。

それと同時に、お客様のお金も徹底的にケチケチします。

お客様がいらないというものに対しては、値段を下げてあげればいいのです。

経費を節約していくことによって、マーケティングのセンスが磨かれます。

お客様や上司が、本当にそれを求めているのかどうかを見きわめる感覚を持つことが大切なのです。

「一緒に働きたい」と言われるために

38

経費中毒にならない。

39 売上げに合わせて、自分の給料を下げることができる。

ある大手の新聞社の社主が、「新聞の売上げが昔の3分の1になっている」と嘆いていました。

本来なら、売上げに合わせて給料も3分の1です。

3倍の売上げがあった時代の給料を、今もそのまま当たり前のように社員は要求するものです。

しかし、今の自分の給料と会社の売上げを相殺《そうさい》して考えると、世の中全体の売上げがコンパクトになってきたら、自分の給料を下げる提案が必要です。

実際は、降給提案はしません。

求められない人は、自分の取り分を先に確保するという考え方があります。

会社の売上げが下がると、社員は給料のアップを要求します。

給料を下げられたら困るからです。

定年で退職して再雇用になった人は、給料が大幅に下がります。

これが本来の社会的価格なのです。

それなのに、「給料が下がった」と言います。

下がったのではありません。

まっとうな価格に修正されただけです。

今までもらいすぎだったのです。

50歳を過ぎると給料が下がっていくのも、まっとうです。


転職する時にうまくいかない人は、「前の会社ではこれだけもらっていた」と主張します。

「最低限、これだけはもらわないと」と言う人は、うまくいきません。

「一からやり直す覚悟で、新入社員のつもりで頑張ります」と言うなら、給料も新入社員と同じです。

去年の税金の支払調書を出して「最低、これだけは」と言って、その金額にどれだけ乗せてもらえるだろうという気分で行かないことです。

それでは、「新入社員のつもりで」という言い方と大きなギャップがあります。

その人はチャンスを失います。

お金は、信用が一番出やすいものです。

一瞬で信用を失うこともあれば、大きな信用をつくれるのもお金です。

「一緒に働きたい」と言われるために

39

自分の分を先取りしない。

40

給料と自分の価値を連動して考えない。

転職した時に、給料が下がることに対して抵抗のある人がいます。

「給料」イコール「自分の価値」だと思っているのです。

自分に自信がないのです。

両者に連動はまったくありません。

「給料が高い」と「自分の価値が高い」と考えるのは間違いです。

本当にその人の価値が高いと、給料は下がっていきます。

給料が下がってきた時に、その人の価値が上がっていくのです。

本当に価値の高い人は、給料は安いです。

仕事ができる人は、給料をそれほどもらっていません。

その人は、給料ではなく仕事に価値を置いているからです。

安い仕事に全力を懸けていけるタイプです。


給料と自分の価値を連動させて考えるタイプは、安い仕事は手を抜きます。

「高かったら頑張るけど、これだけしかもらっていないから」といって手を抜くと、信用されなくなります。


不思議なことに、「高かったら頑張る」は、やがてなくなるのです。

「自分はこれだけもらって当たり前だろう」と考えると、高くても頑張れなくて、安いところだけ手を抜きます。


それでは「いつ頑張るんだ」と言いたくなります。

世の中にいる一流を見たことがないのです。


求められる人は、安い仕事ほど頑張ります。

給料と自分の価値はまったく連動しないと思えばいいのです。

一流は高い給料をもらっていません。

世の中で一番稼いでいるのは二流です。

目指すのは高い給料ではありません。

高い給料がその人の価値ではないからです。

一流は、お金のために仕事はしません。

『和風総本家』という、職人さんを紹介するテレビ番組があります。

その番組で紹介される職人さんの作品が「本当にこの値段では申しわけない」というぐらい安いのです。

「ものすごい手間と時間がかかっているから、これはもっとお金を取らないといけない」と思うほどです。

一流は意外に年収が低いのです。

年収の高い人は二流です。

ベテランの年代は、そういう世の中のからくりを理解する必要があります。

20代では、そのからくりがまだわかりません。

20代は、給料の上がることがモチベーションになるからです。

時代背景として、頑張った分だけ給料が上がるという時代は、１９７０年の大阪万博で終わっているのです。

その次に来たのは、１９８０年代のバブルです。

バブルでは、頑張っていなくても儲かりました。

今は、頑張っても儲からない時代です。

そういう時代には、頑張ることに喜びを感じられるか、儲かることに喜びを感じるかが分かれ目になります。

40代以降は、儲けることに喜びを感じる、頑張ることに喜びを感じる、どちらを選ぶかで人生が分かれます。

求められる人は、頑張ることに喜びを感じるタイプなのです。

「一緒に働きたい」と言われるために

40

給料より、仕事に価値を置こう。

CHAPTER 5

時間の信用で、求められる。

41

地道な仕事をすることで、上司の時間を節約することができる。

だんだんベテランになると、めんどくさい仕事は部下にまわすようになってきます。
自分の雑用も振ってしまう人がいます。
社内政治がうまくなり、めんどくさそうなものは、すっと逃げる。
ラクで手間のかからない仕事、手柄がありそうなものにまわります。
リスクのあるものは、すっと避けていくという社内遊泳術がうまくなるのです。
これは、20代ではできません。

一番大切なことは、上司の時間を節約することです。

上司の時間を節約すると、上司はその浮いた時間で新たな付加価値を生み出すことができます。

上司が付加価値を生み出せるように時間をつくることが、部下の最大の仕事です。

上司が「この人と仕事をしたい」と求めるのは、自分の時間を増やしてくれる人なのです。

「一緒に働きたい」と言われるために

41

上司の時間を節約しよう。

42

仕事は、駅伝。上司が時間を削ったら、それ以上に自分もスピードアップする。

私は仕事をする時に、締切りの1日前に渡します。

この1日は大きいです。

この1日で、後の誰かが何かクオリティーの高い仕事ができる可能性があります。

全員が「1秒を削り出せ」という合言葉で頑張る駅伝で、前の人が1分削った時に、「1分もらったから、オレはゆっくり走っていい」という人がまじったら終わりです。

前のランナーが1分削ったら、「オレも1分削ろう」と頑張るのがチームプレーです。

「前のランナーが1分削ったから、オレは1分ゆっくり走ろう」と考える人は、メンバーからはずされます。

これが、求められない人です。

前のランナーがつくった余裕を、「あ、クッションができた」と自分の余裕に使う人が求められない人です。

そういう人が1人でもいると、みんなが頑張れなくなります。

たとえば、急いで仕事の書類を渡しました。

その書類がどこかでとまってしまいました。

「本来の締切りよりは余裕があるから」と、誰かの机の上でとまっているのです。

続きの作業はしていません。

こういう仕事の流れをとめる行為はムダです。

求められる人は、上司や部下が稼いだ時間の貯金を自分で食いつぶさないのです。

「一緒に働きたい」と言われるために

42

上司が急いで稼いだ時間の貯金を、自分の余裕に使わない。

43

勤務時間内の私用は、信用を落とす。

公私混同するのが仕事としてはオシャレ、と言われていた時代は、20世紀です。

プロは、公私混同しません。

結果として、これが一番信用になるのです。

舞妓さんは、屋形《やかた》（舞妓などが住む家）から出てきて、屋形に帰るまでの料金制です。

ハイヤーと同じです。

よく「京都駅までわざわざ送ってくれた」と喜ぶ人がいます。

実際は、舞妓さんが京都駅から屋形に帰るまでの料金も全部入っています。

舞妓さんと一緒にいる時間だけに料金が発生しているわけではありません。

舞妓さんが屋形に帰る時間までが込みです。

そんな舞妓さんは、トイレが速いです。

京都駅に着いて、降りる時に「今、トイレに行くの?」と思っていると、短時間ですっと戻ってきます。

トイレが混んでいて入るのをやめたのかと思い、「誰か入っていた?」と聞くと、「もうしてきました。『お客様に買っていただいている時間だから、トイレは速くしなさい』とお母さんに言われていますから」と答えました。

トイレに行く時間も、お客様の時間と考えているのです。

これが大きな信用になります。

この仕事ぶりを見ると、屋形を出たところから帰るまでの料金をすべて払うのは当然です。

求められない人は、勤務時間中にプライベートのことをすると、本人はなんとなく得している感があります。

お金と時間はどちらも、自分が得しているということは、すべて信用でチャラになります。

自分がお金や時間で損していることは、その分、信用で返ってきます。

どんなに損をしても、お金なら取り返せます。

信用は取り返せません。

「あの人は、ふだん、仕事中に個人的なことをしている」という印象だけが残ってしまいます。

1万円を落としても、1万円は稼げます。

落とした信用は回復不能です。

「体の中で肝臓や肺を大切にしなければいけない」というのは、再生不能な器官だからです。

一番再生できるのはお金なのに、お金で回収しようとする人が一番損をします。

時間も回収できません。

一番回収できないのが信用です。

「勤務時間中にサボって喫茶店でゲームができて儲け」という感覚の人は、信用で大きな損をしているのです。

「一緒に働きたい」と言われるために

43

勤務時間に、プライベートのことをしない。

44

プライベートでケチになると、信用をなくす。

みんなで飲みに行くと、必ずお支払いの時にトイレに行く人がいます。
そうすると、払ったかどうかが割り勘の時にゴチャゴチャになります。
幹事さんが結局それを背負うことになるのです。
「これ、どうなったの？」と言って、とぼけるお金持ちの人もいます。
たとえば、その時の飲み代が1人5000円の場合、5000円の儲けになります。
ただし、信用面では、「あいつ、いつも払わないヤツ」という印象だけが残ります。
会社の備品を家に持って帰る人も、ボールペンの儲けだけで信用はガタ落ちです。

一番情けないのは「ケチ」と言われることです。

男でケチと言われる人は、どんなに女性にごちそうしても、「この人はボールペンを持って帰る人」という印象が残っています。

ケチより下はありません。

女好きはまだいいのです。

ケチは、女好きより、さらに下になるのです。

「一緒に働きたい」と言われるために

44 会社のボールペンを持ち帰ることで、リスペクトを失わない。

45

「歩く・書く・食べる」のが、速い人が信用される。

上司の時間をつくるためには、スピードを上げることです。

私が授業でホワイトボードに書いていると、「先生、速い」と言う人がいます。

自分が書くスピードを上げればいいのです。

マイペースな人ほど、「先生、速い」と言います。

マイペースですることは「仕事」とは呼びません。

私は歩くのも速いです。

本来は同じテンポで歩いてくれたら、歩きながら話せるのです。

ゆっくり歩いてどんどん後ろに行ってしまう人とは、歩きながらのミーティングができません。

「私は歩くのが遅いですから」と言うのは、単に自分自身のスピードの話です。
つねに仕事にスピードを合わせればいいのです。
遅くても速くしようという姿勢が、「歩く・書く・食べる」には必要です。

一流は、食べる量が少なくて速いです。
明石家さんまさんは、ほとんどお昼を食べません。
タモリさんは1日1食だそうです。
ビートたけしさんも1日1食だそうです。
たくさん食べると、眠くなり、頭がまわらなくなるからです。
大体、午後になると、みんな眠くなります。
それはお昼ごはんの食べすぎです。
午後に仕事がある場合、そこから逆算して食べる量を決めます。
食べたい量、おなかが減った量を食べるのは、自分に仕事を合わせています。
ジムに行って、ラクラク上げられるものをいくら上げてもトレーニングにはなりません。

10回上げられないような、少し負荷がかかるものでトレーニングする必要があります。

スピードも、上げようとする姿勢が大切です。

スピードは、上げようとすればいくらでも上げられます。

「私はこのスピードですから、仕方がない」と、諦めないことです。

能力としては、英語ができることより、速く歩く、速く書く、速く食べることのほうが大切です。

たとえば、1時間のお昼休みがあります。

1時間丸々お昼休みに使っている人は意外に少ないです。

食べすぎて、1時間半に延長する人もいます。

昼食後、少し眠くなって30分ボーッとしている人は、お昼休みを1時間半にしているのです。

10分で軽く食べて、その後、午後の準備をしている人のお昼休みは10分です。

この差が毎日つくのが習慣なのです。

「歩く・書く・食べる」だけでなく、日常生活でしている習慣を、もっとなんとかできないかと考えるのが求められる人です。

「私、このスピードですから」と、昨日と今日が同じスピードでは求められないのです。

今のままでいいと考える人に、信用はつかないのです。

「一緒に働きたい」と言われるために

45

「歩く・書く・食べる」のスピードを上げよう。

46

上司の急ぎ具合がわかる。

上司に一番聞いてはいけないことは、「お急ぎですか?」です。

そんなことは言われなくてもわかる必要があります。

上司から「これ、しておいてくれる?」と言われて、「お急ぎですか?」と聞いた時点で、すでに「めんどくさい」と言っています。

タクシーの運転手さんが、ハアハア言いながら乗ってきたお客様に「お急ぎですか?」と聞くのはおかしいです。

お客様が「〇分の新幹線に乗ろうと思うんですけど」と言うと、「あ、ムリですね」と言う人もいます。

まじめな人ほど「ムリ」と言うのです。

その言葉の裏には、「間に合わないのは私のせいじゃない」という思いがあります。

この時点で、私は「この人は一緒に仕事をしたい人ではない」と判断します。


ある時、以前よく行っていたフレンチレストランに久しぶりに行きました。

私が「すみません、お酒も飲まないし、この後、まだ仕事があるので、ちょっと急ぎめでお願いします」と言うと、

「何時までですか」

「7時までに食べ終わりたいんですけど」

「ムリです」

と断られました。

「これがあるから私はここへ来られなかったんだ」と、しばらく来なかった理由がわかりました。

すると、知っている人が横からパーッと出てきて、「頑張ります」と言ってくれました。

これでいいのです。

最初から「ムリ」と言うタクシーの運転手さんは、お客様が「今の信号は行けたのに」と思っても、ムリを証明するほうへ動きます。

ギャンブルには、まず勝ち負けがあります。

さらに、自分が勝つか負けるかという、もう一段階の賭けもあります。

「自分が負ける」に賭けた人は、必ず負けます。

「ほらね、だから私が言ったのは正しかったでしょう」と証明しようとするのです。

自分の正しさを証明するために仕事をする人は、相手からすると、「今、わざと遅れたよね」とわかります。

そうすると、タクシー会社やフレンチレストランでなくても、「この人とは一緒に仕事をしない」と思われます。

ウソでもいいから「頑張ります。シートベルト締めてください」と言ってくれたほうがうれしいのです。

リュック・ベッソンの『ＴＡＸｉ』に出てくるドライバーのように、「シートベルトをしめてくださいよ」と言われると、間に合わなくても許せます。

お客様が見ているのは、結果だけではないのです。

余裕しゃくしゃくという仕事はありません。

それはプロの仕事ではありません。

つねに予算や時間がなく、制約の多い中でするのが仕事です。

制約の多い中で仕事をしていく時に、「この人と一緒に仕事をしていてよかった」と思うのは、結果ではありません。

「間に合わなかったけれども、いい運転手さんに当たった」と思える人との出会いがうれしいのです。

「一緒に働きたい」
と言われるために

46

「お急ぎですか？」と聞かない。

47

ダラダラしない人が、信用される。

信用できない人は、すべてにおいてダラダラしています。

ダラダラが一番わかるのは食事に行った時です。

「じゃ、帰りますか」と言った時に、さっと立てる人と、「もう1杯」と言う人とに分かれます。

「もう1杯飲んでから」「まだ半分残っているから」と言うのが、ダラダラしている人です。

なかには、途中から五月雨《さみだれ》式にダラダラ頼む人がいます。

帰りがけの空気になっている時に、鍋を頼んだり、タバコをつけるのはダラダラしている人です。

これは、寂しがり屋の特徴です。

ここでパッと帰るのが寂しいのです。

求められない人は、パーティーで最後までいます。

パーティーは、早く帰らないと、ダラダラした人たちの集団になるので、ダラダラした人脈ができてしまいます。


パーティーは、前半と後半で層が違うのです。

前半は求められる人、後半は求められない人の塊です。

求められない人は最初にいません。

遅れてくるのです。

まだみんながいないところで、最初からいるのが寂しいのです。

食事会で一番遅れて来る人は寂しがり屋です。

自分が先に来て待っているのが寂しいからです。

必ずわざと遅れて来ます。

そのかわり、最後が長いのです。

「え、どうするの？　もう帰るの？」と、引きとめようとします。

求められる人はみんな忙しい人なので、このダラダラ集団にはいません。

パーティーは後半のほうに行くと、ダラダラ集団との人脈ができて、求められない人の人脈に巻き込まれてしまうのです。

「一緒に働きたい」と言われるために

47

ダラダラしないで、切り上げる。

48 マイペースでは、信用されない。

20代は、マイペース世代です。

40過ぎのベテランも「自分のペースはこんなもの」と固まりがちですが、まだペースは上げられます。

どこか改善すれば、まだ作業時間を削れるということをつねに考えておくことです。

「締切りは○○なんだけど」と言われた時に、「自分はこれぐらいかかるからムリ」と言わないことです。

それはどうしたらできるか逆算して考えないと、「ムリなら、あなたにはもう頼まない」となります。

つねに、仕事のペースに自分がどう合わせていけるかが大切です。

自分に仕事を合わせてしまうと、「あなたのマイペースは関係ないよ」という話になります。

「じゃあ、今度時間がある時にまたお願いしますね」と、ニッコリ笑って切り捨てられます。

「なぜ、自分のところに仕事の依頼がなくて、求められる人のところに行くのか」という理由は単純です。

求められる人は時間がない時に「頑張ります」と、頑張ろうとする姿勢を見せるからです。

「一緒に働きたい」と言われるために

48

自分のスピードより、相手のスピードで仕事をしよう。

49 信用は、夜ではなく、朝つくられる。

「打ち合わせしたいんですけど、ちょっと今忙しくて、朝6時でいいですか?」と言う人は信用されます。

アメリカでは、「朝6時はミーティングが入っていまして、5時なら大丈夫です」というのは、よくあることです。

これが一番稼ぐ世界です。

日本は逆です。

「8時から会食があるので、10時からでいいですか」と、後ろにずらします。

後ろは効率が悪いのです。

これも仕事をしている人たちのグループが違います。

一流は、朝に仕事をしている人たちです。

夜は、二流が仕事をしている時間です。

夜は、時間がたっていることに気づかなかったり、ボーッとして効率が悪くなります。

朝の集中力は、ハンパではありません。

夜は、仕事をしている気分だけを味わってしまいます。

残業はまったく効率の悪い仕事なのです。

「私、朝弱いんですよ」と言う人は信用されません。

むしろ「夜、弱いんです」と言う人は、「朝、早いんだな」と思って信用できます。

プロ野球には「見せ練《れん》」があります。

プロの野球選手に聞くと、「見せ練習はバレるよね」と言います。

「私はこんなに頑張っていますから使ってください」という見せ練は、監督の前だけ必死にします。

それは、自分のためにしていないから効果はありません。
残業も、大半は見せ残業です。
上司に、「私はこんなに頑張っています」とアピールするために残業しているのです。
会社では、朝早く来て、夜早く帰る人が一番信用されます。
「朝弱い」と言う人は、「知らないよ」と言われて求められなくなるのです。

「一緒に働きたい」と言われるために

49

夜が早く、朝も早く出社しよう。

50

求められる人の人脈は、朝にできる。

俳優は、朝が弱いと仕事になりません。
私がいたＣＭの世界では、３時起きで5時に出発します。
朝、寝ぼけた顔をしている人は、使い物になりません。
朝からパキッと目をあけます。
撮影ができるのは朝だけです。
朝の光が商品を一番きれいに映すのです。
太陽が真上にまわると、光はきれいではありません。
夜明けに現場入りすると、夜明けは終わってしまいます。
夜明け前に現場に行くために、５時出発なのです。

3時に天候を見て、「今、ちょっと雨がパラパラしてるけど、やむかな。今日どうするか」と、判断をします。

その時に「寝坊しました」と言う人は使えません。

役者で寝坊するタイプは、みんなに迷惑がかかるので、次から呼んでもらえなくなります。

役者で朝が弱いのは致命的です。

これは役者だけでなく、すべての人に言えます。

「夜、強い」は、なんの自慢にもなりません。

「朝は弱いけど、夜は強い」は、夜の仕事です。

ホワイトハウスやウォールストリートの勝負は朝です。

ウォールストリートで働いて稼いでいる人たちのほとんどは、朝の出社前にジムで走っています。

ジムもあいています。

ジムで体を起こしてから、何億円のディーリングをするわけです。

朝、寝ぼけた顔で仕事には行きません。

それに比べて、求められない人は朝が弱いのです。

海外のホテルに行くと、みんな寝ぼけた顔で、はれぼったい目があいていない状態で朝ごはんを食べに来ます。

しかも、ジャージや寝間着のまま歩いたりします。

私はその姿を見かけると、「五つ星ホテルにその格好で来るなんて」と、恥ずかしくなります。

二流のホテルは、ホテルマンが寝ぼけて、あくびをしています。

朝、目が覚めている人同士で人脈ができます。

夜はサーブで忙しいのです。

朝はメニューが少なく、比較的余裕があるのでスタッフがみんな話しかけてきます。

そこで、きちんとネクタイをして、目薬を差して目をぱっちりさせて現場に行く人は覚えられます。

ホテルの総支配人やマーケティングディレクター、宿泊のディレクターが、朝、お客様のところをまわるのです。

その時に正装して朝ごはんを食べていると、総支配人が挨拶に来ます。

朝にいる人は、一流のお客様だからです。

夜にまわっても、一流のお客様はいません。

ホテルの売上げにもつながらないし、総支配人の人脈になりません。

そのために総支配人は朝、まわるのです。

日本のホテルも同じです。

海外のホテルに行っても、朝が弱い人は、総支配人と知り合いになれません。

朝とは、夜明け前です。

夜明けを見るためには、日が昇ってから起きていては遅いのです。

夜明けの時間は季節によって動きます。

夜明け前に起きているのは、朝が強い人です。

その人は、いざ9時に仕事が始まるとフルスピードでスタートできます。
朝が弱い人は、9時になってもまだ寝ぼけているのです。

「一緒に働きたい」と言われるために

50

朝に強くなるために、夜早く帰ろう。

51 プロは、パイロットと同じ。前日のアルコールは、午後4時まで抜けない。

パイロットは、フライトの前の晩はお酒を飲めません。

仕事の前の晩に飲んでもいいサラリーマンのほうが不思議です。

打ち合わせだなんだと言いながら飲んだお酒は、抜けるのが翌日の午後4時です。

それまでは酩酊《めいてい》状態です。

お酒に強い人でも、体からアルコールが抜けません。

泥酔ではなく、軽く飲んだだけでも、午後4時まで抜けないのです。

なかには、4時以降から元気になってくる人がいます。

9時~5時の仕事で、終業のチャイムが鳴って元気なのは、アルコールが抜けたからです。

5時の仕事終わりで、また飲みに行きます。

パイロットが仕事の前日にお酒を飲んではいけないということは、毎日仕事のサラリーマンは、飲んだくれている場合ではありません。

お酒を飲むと、興奮状態で睡眠が浅くなります。

お酒を飲んで寝ている間、人間は寝ていないのです。

興奮した状態で起きたままです。

それでは、無睡眠状態の徹夜明けで仕事をしているのと同じです。

仕事への集中力がなくなるのも当然です。


求められる人は、仕事の前日にはお酒を飲みません。

たとえば、画家の藤田嗣治《つぐはる》は、残存する有名なドキュメンタリー映像で見ると、パーティーでおちゃらけて踊って、酒とバラの日々のような印象があります。

しかし、実は彼は飲めません。

あれはパフォーマンスです。

ああやって踊っていても、1日16時間描いています。

飲んだくれたフリをして、帰宅するとずっと描いています。

起きている間は、ずっと手に筆を持っています。

酔っ払っているように見えるのはパフォーマンスとしてのイメージづくりです。

ロックミュージシャンも、お酒を飲む人はいません。

ロックミュージシャンは、コンサートの後にお酒を飲みながら打ち上げというイメージがあります。

実際は違います。

ロックミュージシャンは、よくスーパーモデルとつきあっています。

奥様はスーパーモデルです。

スーパーモデルは、体の管理がすごく厳しいです。

お酒もタバコも厳禁です。

そういう人と一緒にいると、自分も強制されます。

ロックは体力を使います。

お酒を飲んでタバコを吸っていては、体力がもちません。
コンサートの後、体を鍛えるために10キロ走っている人もいます。
そういう健康管理をしていくのがプロフェッショナルです。
なんとなくお酒を飲んだほうが仕事している感があるというのは、勘違いなのです。

「一緒に働きたい」と言われるために

51

仕事の前日に、飲まない。

CHAPTER 6

マナーの信用で、求められる。

52

机の片づいた状態が、信用を生む。

机の上が片づいていることが、求められる人の信用です。

逆に、机の上が散らかっていると、なんとなく仕事を忙しくしているという求められない人のカモフラージュになります。

乱雑に散らかっている机で、「こんなにてんてこ舞いです」というショーウインドーをつくっても、実際はそこでは仕事ができません。

散らかった机を見ていると、集中できないのです。

「私は平気だ」と言っても、つねに脳は散らかった机を見ています。

デスクトップにアイコンがたくさん並んでいるパソコンは、動作が重くなります。

デスクトップにあるアイコンは、つねに全部動いています。

あの状態が散らかった机と同じなのです。
プロフェッショナルの机の上は驚くほど片づいています。
机の上に何も乗っていないという状態が信用を生むのです。

「一緒に働きたい」と言われるために

52

乱雑な机で「仕事してます感」をアピールしない。

53

自分の服装が、会社のイメージになることを知る。

どんなに上司がきちんとした格好をしていても、部下がだらしない格好では、上司や会社までだらしなく見えます。

仕事では、好きなものを着ればいいのではありません。

プロスポーツのユニフォームと同じです。

得意先との会食に行く時に、ラフな格好の部下は連れていけません。

私はサラリーマン時代、上司に「いつ会食があるかわからないから、ちゃんとした格好をしておけ」と教えられました。

何かミスった時は、「ほら、そんな格好をしてるから」と言われるもとにもなります。

きちんとした服装をすることによって、服装のことは考えなくて済み、集中力が出てきます。

「私は好きなものを着たいから」と言う人は、「チームで働かなくていい」と言われます。

プロスポーツは、チームプレーをするうえにおいて、みんなと同じユニフォームを着ることが大切です。

つねに好きな服を着たい人は、チームには入らないで応援すればいいのです。

「一緒に働きたい」と言われるために

53

服装を、きちんとしよう。

54

正しいことをするより、上司の嫌いなことをしない人が、信用される。

「私は正しいことをしています」と、正論を言う人がいます。
チームでは、正しいことをすることが大切なのではありません。
上司が嫌いなことはしなくていいのです。
正しいことより、上司の好き嫌いを優先します。
もちろん、上司が好きなことをする必要もあります。
一番大切なことは、上司が「これは嫌いなんだよね」ということをしないことです。
それは、日ごろから見ていればわかります。
これは恋愛と同じです。
恋愛でも、相手が望むことをするのではなく、相手が「これだけはイヤだな」と思

うことをしないことが長続きのコツです。

たいていの人は相手が望むことをするのです。

お寿司屋さんは、「お嫌いなものはありますか」と聞きます。

「何が好きですか」とは聞きません。

嫌いなものは一種のアレルギーです。

仕事においても、上司のアレルギーを覚えておくことが大切です。

これは、好き嫌いだから仕方ないのです。

サッカー選手は、どんなに正しいプレーでも、監督が「オレは、あれ、嫌いなんだよな」というプレーはしないことです。

そうしないと使ってもらえなくなります。

単に勝てばいいわけではありません。

「今、勝ったじゃないですか」「点数入れたじゃないですか」と言っても、「いや、自分が向かおうとしている方向はこっちで、これはやめようと思っているのにしてしまったことがイヤなんだ」と言われます。

チームで仕事をする時に、自分が求められる存在になるには、単に結果を出せばいいわけではありません。

上司の嫌いなやり方や、上司にアレルギーのあることはしないことです。

どんなに「とろろは体にいい」と言われても、とろろにアレルギーのある人は食べられないのです。

「一緒に働きたい」と言われるために

54

上司の嫌いなことをしない。

55

酔った姿を見られて落とした信用は、取り返せない。

お酒で泥酔したところを見られた瞬間、その映像は相手に焼きついてしまいます。

ふだんは堅物《かたぶつ》の人が、1回酔ったところを見ました。

そうすると、「今まできちんとした人だと思っていた人が、ここまで泥酔するのか」と思って、普通に見られなくなってしまいました。

たった1日の出来事でも、その後の365日がそう見えてしまうのです。

泥酔は、一瞬で入ります。

怖いのは、自分では気づかないことです。

しかも、その人の上司もいる時でした。

その人は、後日、地方に出向になりました。

その時、「ああ、やっぱりな。これが原因だな」と思ってしまうのです。

本人は、出向になった理由がわかりません。

泥酔は、いつもの自分ではなくなってしまうのです。

しらふの時はちゃんとしている人でも、「この人は泥酔したら何をするかわからない」と思うと、怖いのです。


泥酔すると、正常な理性の判断ができなくなります。


そういう人がチームにまじっているのは怖いです。

泥酔する人は、チームに加えられなくなります。

泥酔は人に見られるものです。

私の実家がスナックだからわかるのです。

ふだん、まじめでガマンしている人ほど泥酔します。

お酒が入った時に、ガマンが噴き出るのです。

すごくいい人なのに、人生でうまくいかないのは、ガマンをためて、お酒でタガがはずれるという負のスパイラルへ入るからです。

気の毒なことに、本人は泥酔した時のことを本当に覚えていないのです。

泥酔した人は、心の中のすべてのホンネを外へ放り出してしまうのです。

「一緒に働きたい」と言われるために

55

会食で、お酒を飲まない。

56

字は、上手さより、丁寧さが信用を生む。

字は上手なことに、こしたことはありません。

それより大切なのは、字が丁寧であることです。

書き散らかしたか丁寧かどうかは、見ればすぐにわかります。

私の師匠の藤井達朗は、日本画を描いていたアーティストです。

プレゼンボードをつくる時に、私は師匠に「オマエ、字、好きやろう。オマエ、字書け。きれいすぎに書くなよ」と言われました。

私は、きれいすぎに書いたら怒られるからと思い、ラフに書きました。

書き上げて持っていくと、「寝転がって書いたらあかん」と言われました。

実際に、ホテルで作業して、寝転がって書いたのです。

「エッ、きれいすぎに書いたらダメだと言われたので」と言うと、「いや、丁寧には書け。ただし、味のないきれいさはダメ」と言われました。

素朴さを残した丁寧な字というのがあるのです。

私の父親は達筆ですが、母親は丁寧に書いていました。

伝票を書くからです。

帳面をつける字は丁寧に書く必要があるのです。

税務署への信頼度が違うからです。

税務署は伝票を見ます。

伝票をラフに書いていると、税務署魂に火がついてチェックが厳しくなるのです。

「一緒に働きたい」と言われるために

56

文字を、丁寧に書こう。

57

文字の上に付箋を貼る人は、読む人に対しての気配りがない。

付箋は、字の上に貼る人と字のないところに貼る人とに分かれます。

普通は、字の上には貼りません。

字の上に貼ると、付箋をよけないと見られないからです。

時々、「店長オススメ」というＤＶＤのシールが、女優さんの顔の上に貼ってあることがあります。

女優さんの顔の上にシールを貼るのはおかしいです。

それは、機械作業でしていることが原因です。

付箋を貼ると、その人の優しさがわかります。

付箋の貼り方が信用につながるのです。

「一緒に働きたい」と言われるために

57 文字の上に、付箋を貼らない。

契約書の字の上に貼られた付箋をはがすと、字も一緒にはがれたりします。

そうすると、得意先に持っていけないものになってしまいます。

文字の上に付箋を貼らないというのは、敷居や枕を踏んではいけないというマナーと通ずるものがあります。

文字に対しても、神聖なものとしての愛着を持つことが大切なのです。

58

捺印忘れの二度手間を、減らす。

「契約書に捺印《なついん》をお願いします」という時、求められる人は、「捺印が全部で3個いります。それが2通あります。1、2、3、4、5、6」と、番号が書いてあります。

そうすると、その順番どおりに押していけばいいのです。

書類の捺印忘れは多いです。

書類の内側や裏側、割り印も忘れたりします。

押す箇所がたくさんあると、どこかが抜けるのです。

そのまま得意先へ持っていくと、「すみません、ここ抜けていたのでお願いします」と、得意先から書類が返ってきます。

契約書を雑に扱うということで信用を落とします。

そうならないために、1から番号順に押していけばいいようにしておくのです。

付箋は、貼りやすくて、はがしやすいものです。

同時に落ちやすいという特徴もあります。

万が一、付箋が落ちても、番号が飛んでいたらおかしいと気づけます。

付箋の位置をずらさないとハンコが押せないというのは、ひと手間増えます。

付箋をずらさずにムリして押すと、捺印が欠けるのです。

押した側は気づきません。

欠けている捺印は、銀行では突っ返されます。

契約書の大切さを知っている経理の人の押す捺印は、きれいです。

経理の人は、ハンコを押す時の気合いが違うのです。

たとえば、履歴書にハンコを押す欄があります。

丁寧に書いていても、捺印が曲がっている人がいます。

ハンコには上向きの印がついているので、捺印が曲がった時点で、その履歴書を出すのは求められない人です。

捺印が曲がることがあれば、本来は書き直しです。
新卒ならまだしも、いい大人が捺印が曲がっているようでは求められません。
社内で「書類を見ました」という時に押すハンコとは違います。

偉くなればなるほど、ハンコがすごく大切なものになります。
ハンコを丁寧に押せるというだけで、その人がどれだけの役職の人かわかります。
捺印が曲がっていたり、捺印忘れのある書類は、中の訂正がムチャクチャ多いです。
履歴書も平気で修正液で消しています。
履歴書は、履歴内容より、どれだけ丁寧に作成してあるかが勝負です。
履歴書は、その人がどれだけきっちりできる人かを見ているのです。

「一緒に働きたい」と言われるために

58 捺印の必要な数に、番号を振ろう。

59

えこひいきは、信用から生まれる。

40代、50代は、近い将来、リストラに遭ったり、会社が希望退職を募り始めることで、追い詰められて焦るようになります。

転職情報を見ると、「35歳まで」となっていて、年齢がはみ出ています。

実際は、年齢がはみ出ていても、ちゃんとしている人は面接してもらえます。

実績で勝負しようとしても、サラリーマンの実績はよくわかりません。

なかには、編集者で「これだけベストセラーを出しました」と実績を言う人がいます。

会社として、半年ごとに採点し、考課表を書く側も大変です。

実績評価はなかなか難しいのです。

たとえば、商品が売れたというのは、誰の力なのか、集団で仕事をしていると結局わかりません。

サッカーチームが試合で勝ったのと同じです。

シュートを打った人だけが偉いわけではありません。

チームみんなの力で得た勝利だからです。

実績に振りまわされていくと、それに頼ったり、自信をなくしがちです。

それよりは、信用で勝負することです。

20代では、信用という言葉はまだ使えません。

40代からは、信用が大きくなります。

ミスをした時に、許される人かどうかは信用の差になります。

信用のない人は、「あいつばっかり、なんで許されるんだ。えこひいきだ！」と文句を言い始めます。

えこひいきされるためには、信用をつくっていくことです。

実際は、えこひいきでも不平等でもありません。

平等です。

運は、神様のえこひいきです。

「あいつ、あんなに頑張っているから」「あんなにちゃんとしているから、何かしてあげよう」「頑張っているのに損しているよね」と、神様の調整が入ることを「運」と言うのです。

不運も神様の調整です。

人事部で調整が足りない部分も、最終的には神様がすべて調整してくれるのです。

「一緒に働きたい」と言われるために

59

習慣で、神様にえこひいきされよう。

60

EPILOGUE

すがらない人が、求められる。

求められようとする人は、求められません。

「私をなんとかしてください」と、しがみついたり、すがる人はいらないのです。

本来、求められる人は、「求めて、求めて」と言わない人です。

その人に信用があれば、「求めて」と言わなくても、求められるのです。

「求めて」にエネルギーを注ぐ人は、信用をつける努力をしていません。

たとえば、大学受験で東大に落ちた時、「何でですか」と聞きに行くことはありえません。

落ちた理由は簡単です。

点数が合格ラインに達していなかったからです。

「一緒に働きたい」と言われるために

60 すがるより、信用をつける。

「どうしても入りたいんです」「大好きなんです」「熱意はあるんです」と訴えても、「勉強してください」と言われるだけです。

受験勉強ではこの仕組みがわかっても、仕事になるとわからない人がいます。

「熱意を買ってください」と言う人は、求められません。

求められるのは、熱意や才能のある人ではなく、信用のある人です。

「だって、あなたのハンコの押し方はこれですから」「付箋の貼り方はこれですから」と言われる人は、信用がないのです。

「コーヒーの輪っかがついている履歴書を平気で出せる神経の人に、大切な仕事は任せられない」と言われても仕方ありません。

すがる時間があるなら、自分の信用を何で取り返すかを考えたほうがいいのです。

「一緒に働きたい」と言われる 60のこと

01 信用が生まれる習慣をつくろう。

02 上司のストレスの防波堤になろう。

03 めんどくさそうにしない。

04 「メモしない」を「仕事ができる」と勘違いしない。

05 上司の短い指示を、メモしよう。

06 引継ぎを、きちんとしよう。

07 仕事を増やさないようにしない。

08 失敗したら、何か1つ、やり方を変える。

09 部下に責任を押しつけない。

10 これからではなく、今までに感謝しよう。

11 今までの感謝として、引継ぎしよう。

12 執行猶予中であることに、気づこう。
13 よそで、上司をほめよう。
14 気づいていない事故を起こしていることに、気づこう。
15 大切なお客様を連れていける店を開拓しよう。
16 叱られた時、落ち込み続けない。
17 暗くなく、はしゃぎもしない。
18 ネガティブな終わり方をしない。
19 企画つぶしで、仕事力をアピールしない。
20 沈滞ムードを切り替えよう。
21 了解した意思表示をしよう。
22 自分を、守らない。

23 上司の忙しさを知ろう。
24 ヘンなタメをつくらない。
25 自分の文章を、読み返そう。
26 指示代名詞を使わない。
27 報告は、詳しさより、スピードを優先しよう。
28 「勉強・努力・挑戦」より、具体的な行動を言おう。
29 驚くことで、生まれ変わろう。
30 小さな補足情報を伝えよう。
31 返事がしやすい形で、連絡しよう。
32 二度聞きさせる上司の手間を省こう。
33 ぶっきらぼうな書き方にならない。

34 事実と解釈を、混在させない。
35 上司の見落としを、防止する書き方をしよう。
36 本文を見なければわからない件名の書き方をしない。
37 コピー1枚、失敗しない。
38 経費中毒にならない。
39 自分の分を先取りしない。
40 給料より、仕事に価値を置こう。
41 上司の時間を節約しよう。
42 上司が急いで稼いだ時間の貯金を、自分の余裕に使わない。
43 勤務時間に、プライベートのことをしない。
44 会社のボールペンを持ち帰ることで、リスペクトを失わない。

45　「歩く・書く・食べる」のスピードを上げよう。
46　「お急ぎですか？」と聞かない。
47　ダラダラしないで、切り上げる。
48　自分のスピードより、相手のスピードで仕事をしよう。
49　夜が早く、朝も早く出社しよう。
50　朝に強くなるために、夜早く帰ろう。
51　仕事の前日に、飲まない。
52　乱雑な机で「仕事してます感」をアピールしない。
53　服装を、きちんとしよう。
54　上司の嫌いなことをしない。
55　会食で、お酒を飲まない。

56 文字を、丁寧に書こう。
57 文字の上に、付箋を貼らない。
58 捺印の必要な数に、番号を振ろう。
59 習慣で、神様にえこひいきされよう。
60 すがるより、信用をつける。

『50代がもっともっと楽しくなる方法』
『40代がもっと楽しくなる方法』
『30代が楽しくなる方法』
『チャンスをつかむ 超会話術』
『自分を変える 超時間術』
『問題解決のコツ』
『リーダーの技術』
『一流の話し方』
『一流のお金の生み出し方』
『一流の思考の作り方』

【ぱる出版】
『粋な人、野暮な人。』
『品のある稼ぎ方・使い方』
『察する人、間の悪い人。』
『選ばれる人、選ばれない人。』
『一流のウソは、人を幸せにする。』
『なぜ、あの人は「本番」に強いのか』
『セクシーな男、男前な女。』
『運のある人、運のない人』
『器の大きい人、器の小さい人』
『品のある人、品のない人』

【学研プラス】
『なぜあの人は感じがいいのか。』
『頑張らない人は、うまくいく。』
文庫『見た目を磨く人は、うまくいく。』
『セクシーな人は、うまくいく。』
文庫『片づけられる人は、うまくいく。』
『美人力』(ハンディ版)
文庫『怒らない人は、うまくいく。』
文庫『すぐやる人は、うまくいく。』

【ファーストプレス】
『「超一流」の会話術』
『「超一流」の分析力』
『「超一流」の構想術』
『「超一流」の整理術』
『「超一流」の時間術』
『「超一流」の行動術』
『「超一流」の勉強法』
『「超一流」の仕事術』

【秀和システム】
『人とは違う生き方をしよう。』
『なぜ あの人はいつも若いのか。』
『楽しく食べる人は、一流になる。』
『一流の人は、〇〇しない。』
『ホテルで朝食を食べる人は、うまくいく。』
『なぜいい女は「大人の男」とつきあうのか。』
『服を変えると、人生が変わる。』

【水王舎】
『なぜあの人は「美意識」があるのか。』
『なぜあの人は「教養」があるのか。』
『結果を出す人の話し方』
『「人脈」を「お金」にかえる勉強』
『「学び」を「お金」にかえる勉強』

【大和出版】
『「しつこい女」になろう。』
『「ずうずうしい女」になろう。』
『「欲張りな女」になろう。』
『一流の準備力』
『歩くスピードを上げると、頭の回転は速くなる。』

【あさ出版】
『孤独が人生を豊かにする』
『気まずくならない雑談力』
『「いつまでもクヨクヨしたくない」とき読む本』
『「イライラしてるな」と思ったとき読む本』
『なぜあの人は会話がつづくのか』

【日本実業出版社】
『出会いに恵まれる女性がしている63のこと』
『凛とした女性がしている63のこと』
『一流の人が言わない50のこと』
『一流の男 一流の風格』

【すばる舎リンケージ】
『好かれる人が無意識にしている文章の書き方』
『好かれる人が無意識にしている言葉の選び方』
『好かれる人が無意識にしている気の使い方』

【現代書林】
『チャンスは「ムダなこと」から生まれる。』
『お金の不安がなくなる60の方法』
『なぜあの人には「大人の色気」があるのか』

【毎日新聞出版】
『あなたのまわりに「いいこと」が起きる70の言葉』
『なぜあの人は心が折れないのか』
『一流のナンバー2』

【ぜんにち出版】
『リーダーの条件』
『モテるオヤジの作法2』
『かわいげのある女』

【DHC】
ポストカード『会う人みんな神さま』
書画集『会う人みんな神さま』
『あと「ひとこと」の英会話』

【海竜社】
『昨日より強い自分を引き出す61の方法』
『一流のストレス』

【リンデン舎】
『状況は、自分が思うほど悪くない。』
『速いミスは、許される。』

【文芸社】
文庫『全力で、1ミリ進もう。』
文庫『贅沢なキスをしよう。』

【総合法令出版】
『「気がきくね」と言われる人のシンプルな法則』
『伝説のホストに学ぶ82の成功法則』

【サンクチュアリ出版】
『転職先はわたしの会社』
『壁に当たるのは気モチイイ 人生もエッチも』

【WAVE出版】
『リアクションを制する者が20代を制する。』

【ユサブル】
『1秒で刺さる書き方』

【河出書房新社】
『成功する人は、教わり方が違う。』

【二見書房】
文庫『「お金持ち」の時間術』

【ミライカナイブックス】
『名前を聞く前に、キスをしよう。』

【イースト・プレス】
文庫『なぜかモテる人がしている42のこと』

【第三文明社】
『仕事は、最高に楽しい。』

【日本経済新聞出版社】
『会社で自由に生きる法』

【講談社】
文庫『なぜ あの人は強いのか』

【アクセス・パブリッシング】
『大人になってからもう一度受けたいコミュニケーションの授業』

【阪急コミュニケーションズ】
『サクセス&ハッピーになる50の方法』

【きこ書房】
『大人の教科書』

主な作品一覧 2019

【ダイヤモンド社】
『面接の達人 バイブル版』
『なぜあの人は感情的にならないのか』
『50代でしなければならない55のこと』
『なぜあの人の話は楽しいのか』
『なぜあの人はすぐやるのか』
『なぜあの人は逆境に強いのか』
『なぜあの人の話に納得してしまうのか［新版］』
『なぜあの人は勉強が続くのか』
『なぜあの人は仕事ができるのか』
『25歳までにしなければならない59のこと』
『なぜあの人は整理がうまいのか』
『なぜあの人はいつもやる気があるのか』
『なぜあのリーダーに人はついていくのか』
『大人のマナー』
『プラス1％の企画力』
『なぜあの人は人前で話すのがうまいのか』
『あなたが「あなた」を超えるとき』
『中谷彰宏金言集』
『こんな上司に叱られたい。』
『フォローの達人』
『「キレない力」を作る50の方法』
『女性に尊敬されるリーダーが、成功する。』
『30代で出会わなければならない50人』
『20代で出会わなければならない50人』
『就活時代しなければならない50のこと』
『あせらず、止まらず、退かず。』
『お客様を育てるサービス』
『あの人の下なら、「やる気」が出る。』
『なくてはならない人になる』
『人のために何ができるか』
『キャパのある人が、成功する。』
『時間をプレゼントする人が、成功する。』
『明日がワクワクする50の方法』
『ターニングポイントに立つ君に』
『空気を読める人が、成功する。』
『整理力を高める50の方法』
『迷いを断ち切る50の方法』
『なぜあの人は10歳若く見えるのか』
『初対面で好かれる60の話し方』
『成功体質になる50の方法』
『運が開ける接客術』
『運のいい人に好かれる50の方法』
『本番力を高める57の方法』
『運が開ける勉強法』
『バランス力のある人が、成功する。』
『ラスト3分に強くなる50の方法』
『逆転力を高める50の方法』
『最初の3年その他大勢から抜け出す50の方法』
『ドタン場に強くなる50の方法』
『アイデアが止まらなくなる50の方法』
『思い出した夢は、実現する。』
『メンタル力で逆転する50の方法』
『自分力を高めるヒント』
『なぜあの人はストレスに強いのか』
『面白くなければカッコよくない』
『たった一言で生まれ変わる』
『スピード自己実現』
『スピード開運術』
『スピード問題解決』
『スピード危機管理』
『一流の勉強術』
『スピード意識改革』
『お客様のファンになろう』
『20代自分らしく生きる45の方法』
『なぜあの人は問題解決がうまいのか』
『しびれるサービス』
『大人のスピード説得術』
『お客様に学ぶサービス勉強法』
『スピード人脈術』
『スピードサービス』
『スピード成功の方程式』
『スピードリーダーシップ』
『出会いにひとつのムダもない』
『なぜあの人は気がきくのか』
『お客様にしなければならない50のこと』
『大人になる前にしなければならない50のこと』
『なぜあの人はお客さんに好かれるのか』
『会社で教えてくれない50のこと』
『なぜあの人は時間を創り出せるのか』
『なぜあの人は運が強いのか』
『20代でしなければならない50のこと』
『なぜあの人はプレッシャーに強いのか』
『大学時代しなければならない50のこと』
『あなたに起こることはすべて正しい』

【きずな出版】
『生きる誘惑』
『しがみつかない大人になる63の方法』
『「理不尽」が多い人ほど、強くなる。』
『グズグズしない人の61の習慣』
『イライラしない人の63の習慣』
『悩まない人の63の習慣』
『いい女は「涙を背に流し、微笑みを抱く男」とつきあう。』
『ファーストクラスに乗る人の自己投資』
『いい女は「紳士」とつきあう。』
『ファーストクラスに乗る人の発想』
『いい女は「言いなりになりたい男」とつきあう。』
『ファーストクラスに乗る人の人間関係』
『いい女は「変身させてくれる男」とつきあう。』
『ファーストクラスに乗る人の人脈』
『ファーストクラスに乗る人のお金2』
『ファーストクラスに乗る人の仕事』
『ファーストクラスに乗る人の教育』
『ファーストクラスに乗る人の勉強』
『ファーストクラスに乗る人のお金』
『ファーストクラスに乗る人のノート』
『ギリギリセーーフ』

【PHP研究所】
『定年前に生まれ変わろう』
『なぜあの人は、しなやかで強いのか』
『メンタルが強くなる60のルーティン』
『なぜランチタイムに本を読む人は、成功するのか。』
『中学時代にガンバれる40の言葉』
『中学時代がハッピーになる30のこと』
『もう一度会いたくなる人の聞く力』
『14歳からの人生哲学』
『受験生すぐにできる50のこと』
『高校受験すぐにできる40のこと』
『ほんのささいなことに、恋の幸せがある。』
『高校時代にしておく50のこと』
文庫『お金持ちは、お札の向きがそろっている。』
『仕事の極め方』
『中学時代にしておく50のこと』
文庫『たった3分で愛される人になる』
『【図解】「できる人」のスピード整理術』
『【図解】「できる人」の時間活用ノート』
文庫『自分で考える人が成功する』
文庫『入社3年目までに勝負がつく77の法則』

【大和書房】
文庫『今日から「印象美人」』
文庫『いい女のしぐさ』
文庫『美人は、片づけから。』
文庫『いい女の話し方』
文庫『「つらいな」と思ったとき読む本』
文庫『27歳からのいい女養成講座』
文庫『なぜか「HAPPY」な女性の習慣』
文庫『なぜか「美人」に見える女性の習慣』
文庫『いい女の教科書』
文庫『いい女恋愛塾』
文庫『「女を楽しませる」ことが男の最高の仕事。』
文庫『いい女練習帳』
文庫『男は女で修行する。』

【リベラル社】
『「また会いたい」と思われる人「二度目はない」と思われる人』
『モチベーションの強化書』

本の感想など、どんなことでも、
あなたからのお手紙をお待ちしています。
僕は、本気で読みます。

中谷彰宏

〒162-0056　東京都新宿区若松町12-1
青春出版社気付　中谷彰宏 行

※食品、現金、切手などの同封は、
ご遠慮ください。(編集部)

中谷彰宏は、盲導犬育成事業に賛同し、この本の印税の一部を(公財)日本盲導犬協会に寄付しています。

著者紹介

中谷彰宏（なかたに　あきひろ）
1959年、大阪府生まれ。早稲田大学第一文学部演劇科卒業。84年、博報堂入社。CMプランナーとして、テレビ、ラジオCMの企画、演出をする。91年、独立し、(株)中谷彰宏事務所を設立。ビジネス書から恋愛エッセイ、小説まで、多岐にわたるジャンルで、数多くのベストセラー、ロングセラーを送り出す。「中谷塾」を主宰し、全国で講演・ワークショップ活動を行っている。

中谷彰宏公式サイト
https://an-web.com/

いくつになっても
「求《もと》められる人《ひと》」の小《ちい》さな習慣《しゅうかん》

2019年8月5日　第1刷

著　　者　中《なか》谷《たに》彰《あき》宏《ひろ》

発行者　小澤源太郎

責任編集　株式会社 プライム涌光
電話　編集部　03(3203)2850

発行所　株式会社 青春出版社
東京都新宿区若松町12番1号 〒162-0056
振替番号　00190-7-98602
電話　営業部　03(3207)1916

印　刷　中央精版印刷　　製　本　フォーネット社

万一、落丁、乱丁がありました節は、お取りかえします。
ISBN978-4-413-23126-8 C0030

その子《ペット》はあなたに出会うためにやってきた。
愛犬や愛猫がいちばん伝えたかったこと
大河内りこ

ゼロから〝イチ〟を生み出せる！
がんばらない働き方
グーグルで学んだ〝10×〟を手にする術
ピョートル・フェリクス・グジバチ

相続専門税理士のデータ分析でわかった！
開業医の「やってはいけない」相続
税理士法人レガシィ

なぜか9割の女性が知らない婚活のオキテ
植草美幸

世界でいちばん幸せな人の小さな習慣
ありのままの自分を取り戻すトラウマ・セラピー
リズ山崎

青春出版社の四六判シリーズ

ホスピスナースが胸を熱くしたいのちの物語
忘れられない、人生の素敵なしまい方
ラプレツィオーサ伸子

「老けない身体」を一瞬で手に入れる本
何歳から始めても「広背筋」で全身がよみがえる！
中嶋輝彦

たちまち、「良縁」で結ばれる「悪縁」の切り方
幸せな人間関係を叶える「光の法則」
佳川奈未

元JAXA研究員も驚いた！
ヤバい「宇宙図鑑」
谷岡憲隆

やっぱり外資系！がいい人の必勝転職AtoZ
鈴木美加子

お願い　ページわりの関係からここでは一部の既刊本しか掲載してありません。
折り込みの出版案内もご参考にご覧ください。